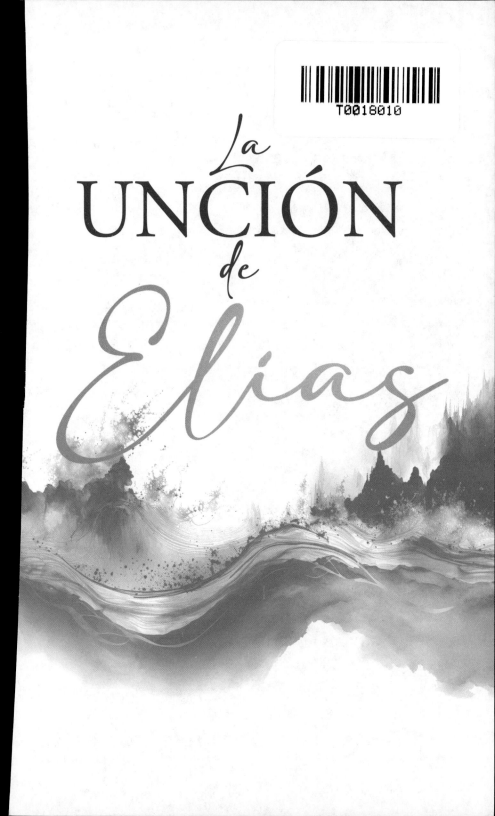

La
UNCIÓN
de
Elías

LEVÁNTATE EN EL ESPÍRITU Y
ALCANZA TU DESTINO

La UNCIÓN de Elias

CASA CREACIÓN
Para vivir la Palabra

Para vivir la Palabra

MANTÉNGANSE ALERTA;
PERMANEZCAN FIRMES EN LA FE;
SEAN VALIENTES Y FUERTES.
—1 Corintios 16:13 (NVI)

La unción de Elías por Michelle McClain-Walters
Publicado por Casa Creación
Miami, Florida
www.casacreacion.com
©2023 Derechos reservados

ISBN: 978-1-960436-40-5
E-Book ISBN: 978-1-960436-41-2

Desarrollo editorial: *Grupo Nivel Uno, Inc.*
Adaptación de diseño interior y portada: *Grupo Nivel Uno, Inc.*

Publicado originalmente en inglés bajo el título:
The Spirit and Power of Elijah
Charisma House
600 Rinehart Road, Lake Mary, Florida 32746
Copyright © 2023 by Michelle McClain-Walters.
Todos los derechos reservados.

A menos que se indique lo contrario, los textos bíblicos han sido tomados de la Santa
Biblia, Nueva Versión Internacional® NVI® ©1999 por Bíblica, Inc.© Usada con permiso.

Nota de la editorial: Aunque la autora hizo todo lo posible por proveer teléfonos y páginas
de internet correctos al momento de la publicación de este libro, ni la editorial ni la autora
se responsabilizan por errores o cambios que puedan surgir luego de haberse publicado.

Impreso en Colombia

24 25 26 27 28 29 LBS 9 8 7 6 5 4 3 2 1

Contenido

Introducción

A LO LARGO DE la historia surgen ciertas figuras cuyas leyendas trascienden a través del tiempo y la cultura, iluminando un camino de fe y rectitud con un refulgente brillo. Entre estas imponentes figuras, el profeta bíblico Elías se erige como un faro con su narrativa como un tapiz delicadamente tejido con encuentros divinos, convicción inquebrantable e intervenciones milagrosas. Sin embargo, Elías no es simplemente una reliquia del pasado; es un testimonio vivo de la relación duradera entre la humanidad y el Espíritu de Dios.

En las páginas de este libro, nos embarcamos en un viaje transformador a través de la vida, el ministerio y el legado de este extraordinario profeta. Examinaremos en profundidad su carácter y descubriremos las pasiones que inflamaron su corazón, la fe que lo impulsó a la acción y los insondables encuentros con Dios que definieron su destino.

La experiencia de Elías trasciende la simple documentación histórica; constituye una revelación del potencial ilimitado que surge cuando el espíritu humano converge con el poder de Dios. Es un testimonio del fuego implacable de la fe que puede encenderse aun en las circunstancias más tenebrosas, disipando las sombras de la duda y el miedo.

Este libro, sin embargo, es mucho más que una exploración del pasado; es un llamado divino a abrazar el espíritu y la unción de Elías en nuestras propias vidas. Es una declaración de que el propio Dios que respondió con fuego en el monte Carmelo todavía escucha las fervientes oraciones de su pueblo. Es una invitación que nos insta a despertar al Elías que llevamos dentro, a fin de buscar encuentros divinos y enfrentar con valentía los ídolos y las injusticias de nuestra era.

Al examinar el mosaico de la vida de Elías, recordamos que el espíritu y la unción de este profeta están al alcance de todos los que se atreven a creer. El Dios que dotó a Elías de la autoridad para comandar los elementos, desafiar el *statu quo* y mantenerse firme en su fe es el mismo que nos invita a su presencia hoy.

Prepárate para inspirarte y avivarte. Alístate para explorar las profundidades de tu propia fe y descubrir las oportunidades que se presentan cuando te atreves a creer en el Dios de Elías. *La unción de Elías* no es solo un relato histórico; es la revelación de una fe viva que respira y que trasciende los confines del tiempo, una fe que nos impele a enfrentar con valentía la adversidad y proclamar como lo hizo el pueblo en los días de Elías: "¡El Señor es Dios!" (1 Reyes 18:39).

Que esta exploración del espíritu y la unción de Elías encienda tu espíritu, despierte tu convicción inquebrantable y te anime a afrontar los desafíos de tu tiempo con determinación decidida.

Primera parte

Avivamiento

Reparador de brechas, revelador de corazones

*E*L FUEGO DEL avivamiento viene.

Creo que está llegando el avivamiento para esta generación. No moriremos sino que viviremos y declararemos las obras del Señor. Veremos su gloria manifestada en la tierra. Seremos testigos de un avivamiento derramado que transformará corazones, cambiará vidas, mejorará familias, trasmutará comunidades, trocará ciudades, cambiará naciones y transformará al mundo. ¿Estás listo para experimentarlo?

Hubo un tiempo, en la historia de Israel, que se caracterizó por la idolatría, la decadencia de la moral y el alejamiento del único Dios verdadero. Israel precisaba un avivamiento. El pueblo israelita necesitaba un llamado al arrepentimiento. Tenían necesidad de una reforma. Requerían restauración. Entonces el Señor envió a un profeta llamado Elías.

En estos tiempos vivimos en una época caracterizada por la idolatría, la decadencia de la moralidad y el alejamiento del único Dios verdadero. Necesitamos un avivamiento. Precisamos un llamado al arrepentimiento. Requerimos una reforma urgente. Necesitamos restauración. Por eso, el Señor envía sus Elías. Y está levantando una nueva compañía de Elías. Está preparando un nuevo grupo de profetas santos, audaces e intransigentes, para restaurar el destino espiritual de la iglesia en esta generación. ¿Eres tú uno de esos Elías?

Los días de Elías

En los tiempos del profeta Elías, el rey de Israel era un hombre llamado Acab. La Biblia dice que "nunca hubo nadie como Acab que, animado por Jezabel su esposa, se prestara para hacer lo malo ante los ojos del Señor" (1 Reyes 21:25).

Dirigido por Acab y Jezabel, el pueblo de Israel se apartó del Señor. En vez de adorar al único Dios verdadero, adoraron ídolos y dioses falsos. La adoración a esos dioses falsos incluía la perversión sexual, el sacrificio de niños y otras cosas que entristecieron el corazón del Señor y se opusieron a su plan para su pueblo. La nación de Israel se había apartado del Señor en los años transcurridos desde que fueron rescatados de la esclavitud en Egipto y llevados a la tierra prometida, por lo que la decadencia moral se intensificó durante el reinado de Acab y Jezabel.

Como sucedió en los días de Elías, hoy un gran número de personas del pueblo de Dios habita en una nación que está en camino a un progresivo declive moral. Ciertos estados de la Unión Americana tienen algunas de las leyes de aborto más liberales del mundo. Entre 1973 y 2017, casi sesenta millones de bebés en Estados Unidos fueron abortados.[1] Millones de personas, entre ellas muchas pertenecientes a iglesias, son adictas a la pornografía.[2] La agenda homosexual y el matrimonio homosexual están encontrando aceptación incluso en la iglesia. El divorcio continúa destrozando a las familias, tanto dentro como fuera de la iglesia. La trata de personas está en primer plano y se manifiesta como el lado feo de la globalización. Aquellos considerados grandes líderes ahora predican la doctrina de la inclusión. Los líderes cristianos temen decir en los medios noticiosos nacionales que Jesucristo es el único camino a la salvación. Nos estamos alejando del Señor y sufriendo las consecuencias de ello.

Cuando comenzó una nueva década en 2020, el mundo se vio plagado de enfermedades, dolencias, violencia, problemas financieros y muchas otras dificultades importantes. En medio de la agitación y la crisis, el pueblo de Dios cuestionaba: "¿Por qué no nos advirtieron?". Clamaban a los profetas que hablaran. Ezequiel 7:26 dice: "Una tras otra vendrán las desgracias, al igual que las malas noticias. Del profeta demandarán visiones". Pero la verdad es que los profetas ya han estado hablando, tal como lo hicieron en los días de Ezequiel. Y tal como sucedió una y otra vez cuando los profetas de Israel hablaron, el pueblo no hizo caso a la palabra del Señor. Pero eso no significa que Dios se haya rendido con su pueblo. A veces se necesita una temporada de problemas para que la gente recurra a Dios.

LA TEMPORADA DE PROBLEMAS

En la agitada época de conflictos que hemos enfrentado en los últimos años, Dios ha escuchado los clamores de su pueblo. En respuesta a esos clamores, y por su amor a ellos, Dios está levantando un nuevo grupo de profetas. Los está equipando con fortaleza espiritual para que restauren el destino de la iglesia en esta generación. Para descubrir a quién enviará Dios en un tiempo como el que vivimos ahora, debemos preguntarnos: ¿Qué profeta de la Biblia nos enviaría Dios en este siglo veintiuno? ¿A quién necesitamos en esta hora?

En un tiempo en el que Israel estuvo atrapado por la idolatría y la profanación de los lugares santos de Dios, ningún profeta podía levantarse y hacer lo que se requería aparte de Elías. Dios llamó a este hombre y lo capacitó para que se convirtiera en la fuerza desafiante contra aquella incomparable maldad de su época.

La unción que Dios puso en la vida de Elías estaba dirigida específicamente a desafiar la lealtad del corazón humano. Fue diseñada exclusivamente para modificar la cultura transformando los valores de la gente de aquella época. Este es el elemento central del espíritu y la unción de Elías: que los corazones se tornen a Dios. De esta manera, la unción de Elías viene a confrontar la falta de padre en esta generación, colocando a los solitarios en familias y llamando a las generaciones a regresar a su verdadera identidad y destino en el reino de Dios. Como se ejemplifica en el milagro por el que resucitó al hijo de la viuda (1 Reyes 17:17-24);

operación en la que apreciamos que la unción de Elías tiene poder para levantar de la muerte a los hijos de Dios a fin de que vivan en Cristo.

La unción de Elías plantea una pregunta clave: ¿Cuánto tiempo vacilarás entre dos opiniones? Esta unción desafía la mente para que el corazón se revele (Mateo 11:6). Dios está llamando profetas con el corazón de Elías para que se opongan con valentía a las iglesias condescendientes y a los templos en los que impere la tolerancia. Estos hombres y mujeres serán francos, sin reservas, magnánimos y sinceros. Vendrán con una presentación clara del evangelio y no manifestarán ambigüedad ni serán incoherentes. Su audacia y su claridad no surgirán de sus propias fuerzas, sino que serán resultado de estar llenos de la unción y el celo del Espíritu Santo.

Así como Elías se enfrentó a Acab, Jezabel y los profetas de Baal, los profetas Elías de hoy desafiarán y confrontarán toda autoridad espiritual ilegítima. Operarán con milagros, señales y prodigios, testificando del poder, la presencia y la ira de Dios contra la idolatría en todas sus manifestaciones.

Los milagros de Elías no sucederán en el vacío. Dios actúa en la tierra en respuesta a la oración. Los Elías de esta generación tienen acceso al Espíritu y al poder de Dios a través de la oración persistente (Santiago 5:16-18) y el ayuno, lo que les permite tener a su disposición un tremendo poder para que cuando oren, ellos también tengan la capacidad de abrir y cerrar los cielos.

A medida que estos profetas construyan altares espirituales en adoración y oración a Dios, él desplegará manifestaciones poderosas (de gran poder y gran fuerza) dándoles el derecho y la autoridad para actuar y gobernar los cielos.

La unción de Elías destruyó cuatrocientos años de religión, adoración satánica y tradición pagana, reincidencia y dureza de corazón. Necesitamos ese nivel de poder hoy. La generación de Elías que ha de surgir en este tiempo enderezará el rumbo de la vida y proclamará el futuro en las vidas de individuos, familias, ciudades, naciones y generaciones. Restaurará los caminos rotos de la justicia y ayudará a preparar la senda para los propósitos de Dios.

¿Quién es Elías?

Los nombres en la Biblia son realmente importantes. Tienen mucho significado, ya sea el nombre que se le dio a un niño al nacer o uno nuevo que el Señor le dio a alguien, como cuando Jacob se convirtió en Israel o Saulo se transformó en Pablo. Los nombres a menudo nos dan una idea del carácter, el propósito o el llamamiento de una persona.

Cuando Elías nació, sus padres hicieron una audaz declaración de fe con el nombre que eligieron para su hijo. Elías significa "mi Dios es Jehová" o "Jehová es Dios". En una época en la que la adoración a Baal era tan frecuente, los padres de Elías no temieron oponerse a lo establecido. No temían ser creyentes audaces en una sociedad cuya fe en el Señor se había desplomado. Frente a una cultura que se había alejado de Dios, ellos afirmaban que no toleraban la maldad y la idolatría. El propio nombre de Elías fue una reprimenda a los adoradores de Baal.

El nombre de Elías lo distinguió. Su apelativo era un llamado a la santidad, un ruego para que caminaran en la voluntad de Dios, un llamado a perseguir la justicia y buscar el rostro del Señor aun cuando la cultura a su alrededor estaba perdiendo la razón. Su nombre afirmaba la verdad —que el Señor es Dios— y también declaraba que Elías iba a vivir en conformidad a esa verdad, porque su Dios era el Señor.

Elías era tisbita. Si bien el significado de la palabra tisbita es incierto, se cree que está asociada al verbo hebreo *shub*, que significa dar la vuelta, regresar, dar marcha atrás o restaurar. Aunque puede referirse a un regreso físico, a menudo se usa en cuanto a un regreso o restauración espiritual.[3]

> Se acordarán del Señor y se *volverán* a él todos los confines de la tierra.
>
> —Salmos 22:27, énfasis añadido.

> *¡Restáuranos*, oh Dios! ¡Haz resplandecer tu rostro y sálvanos!
>
> —Salmos 80:3, énfasis añadido.

Volverán los rescatados del Señor y entrarán en Sión con cantos de júbilo; su corona será el gozo eterno. Se llenarán de regocijo y alegría, y se apartarán de ellos el dolor y los quejidos.

—Isaías 35:10, énfasis añadido.

Parte del papel de Elías era llamar al pueblo al arrepentimiento. Y arrepentirse significa apartarse del pecado, dejar de hacer el mal y ser restaurado a una relación correcta con el Señor. La unción de Elías vuelve los corazones a Dios.

Características de la unción de Elías

El propósito principal de la unción de Elías es hacer que los corazones se tornen al Señor. Eso hace que surja audazmente una pregunta vital: ¿Cuánto tiempo vacilarás entre dos opiniones? Debido a la audacia de la unción de Elías al hacer una pregunta tan crucial, esta unción puede causar molestias.

Jesús nos advirtió que la gente se ofendería por culpa de él. Juan el Bautista envió a dos de sus discípulos a preguntarle a Jesús si realmente era el Mesías, a lo que "Jesús respondió: Vayan y cuéntenle a Juan lo que están oyendo y viendo: Los ciegos ven, los cojos andan, los que tienen alguna enfermedad en su piel son sanados, los sordos oyen, los muertos resucitan y a los pobres se les anuncian las buenas noticias. Dichoso el que no tropieza por causa mía" (Mateo 11:4-6). Incluso frente a milagros indiscutibles, la gente se sentía ofendida por Jesús, y lo mismo ocurre hoy. Es más, creo que vivimos en una generación muy sensible, en la que muchos se ofenden por cualquier cosa. Vivimos en una cultura tan preocupada por no ofender a las personas que a menudo no decimos la verdad, ni siquiera sin amor, pero es necesario decirla. Recuerda que el Señor puede perturbar la mente para revelar lo que hay en el corazón. Puede desafiar la carne para manifestar lo más noble del espíritu de una persona.

Mucha gente quiere a Dios sin Jesús, pero eso no funciona. Dios es Jesús y Jesús es Dios. No se pueden separar. Jesús dijo que él *es* el camino, *la* verdad y *la* vida (Juan 14:6). Él no dijo que él era un camino, una verdad y una vida. Pero esta generación quiere encontrar su propio camino, su propia verdad. ¿Cuántas veces has escuchado a la gente referirse a "mi verdad"? Pero esa es una verdad relativa y no necesitamos una verdad relativa. Necesitamos la verdad absoluta. Necesitamos la verdad y la verdad es Jesús. Y dado que Jesús es la Palabra viva de Dios, sabemos que la Palabra de Dios también es la verdad.

La unción de Elías hace que los corazones de los hijos de Dios se vuelvan hacia él. Hace que pienses profundamente y que luches con la verdad. De forma que cuando lo hagas, la verdad te revelará lo que realmente hay en tu corazón. No hay manera de esconderse tras las normas culturales o el espíritu ofensivo cuando uno se enfrenta cara a cara con la verdad.

Sin embargo, Dios no revela la verdad de lo que hay en tu corazón con el propósito de ofenderte, condenarte, azotarte ni hacerte la vida miserable. Te revela la verdad de lo que hay en tu corazón porque te ama y quiere lo mejor para ti. Y vivir según lo que el mundo dice que es verdad y es correcto no es lo mejor para ti. Recuerda que el plan del enemigo es hacerte tener una vida de engaño que te lleve al infierno. El espíritu, el poder y la unción Elías confrontan las doctrinas y los conceptos falsos.

Aquellos que tienen la unción de Elías enfrentarán la maldad y desafiarán los motivos del corazón. Necesitan decir la verdad con claridad, audacia y valor, pero también deben expresarla verbalmente con amor. La Palabra dice que es la bondad del Señor la que nos lleva al arrepentimiento. Estás llamado a decir la verdad, pero a decirla con un espíritu de amor y con gracia, no con una actitud de juicio ni de condenación. La unción de Elías enfrentará la maldad y la idolatría por el temor del Señor. Los profetas Elías amarán lo que Dios ama y detestarán lo que él odia.

Debemos centrarnos en la verdad de la Palabra, no en ser relevantes ni políticamente correctos ni en asegurarnos de no ofender a ninguno de nuestros seguidores en las redes sociales. A veces nos enfocamos tanto en ser "relevantes" que terminamos pecando. Necesitamos permanecer justo en medio de la verdad y no bailar lo más cerca posible del pecado. Dios nos llama a practicar la justicia. Nos llama a la santidad. Nos insta a apartarnos. Él nos ha llamado a ser su pueblo especial, escogidos desde antes de la fundación del mundo para buenas obras, a fin de que caminemos en ellas.

Aunque el *propósito* más importante del espíritu de Elías es hacer que los corazones se vuelvan a Dios, su *obra* principal es traer revelación del carácter de Dios. Cuando las personas comprenden verdaderamente quién es Dios, cuánto los ama y cómo quiere obrar en sus vidas, el corazón se les ablanda y son atraídas al Señor.

La unción de Elías desafía las motivaciones de los religiosos. En Mateo 11, Jesús cuestionó a las multitudes en cuanto a Juan el Bautista (que operó en el espíritu y la unción de Elías, y fue el precursor de él):

> ¿Qué salieron a ver al desierto? ¿Una caña sacudida por el viento? Si no, ¿qué salieron a ver? ¿A un hombre vestido con ropa fina? Claro que no, pues los que usan ropa de lujo están en los palacios de los reyes. Entonces, ¿qué salieron a ver? ¿A un profeta? Sí, les digo, y más que profeta. Este es de quien está escrito: "Yo estoy por enviar a mi mensajero delante de ti, el cual preparará tu camino".
>
> —Mateo 11:7-10

Jesús sabía que muchas personas habían ido a ver a Juan el Bautista no por una fe sincera o por hambre de las cosas de Dios, sino más bien por una sensación de superioridad religiosa. No buscaban la verdad; intentaban juzgar y condenar. Iban con una noción preconcebida de lo que estaba bien y su único propósito era criticar. Sus corazones estaban encallecidos, como suele suceder cuando las personas están atrapadas en la religión en vez de tener una relación íntima con Jesús.

La unción de Elías se niega a bailar al son de las expectativas impuestas por la sociedad. Esa unción no es un juego de niños y trasciende el formalismo religioso (de las iglesias condescendientes y los templos tolerantes), predica la justicia y repara los altares de adoración rotos. Jesús dijo: "¿Con qué puedo comparar a esta generación? Se parece a los niños sentados en la plaza que gritan a los demás: 'Tocamos la flauta y ustedes no bailaron; cantamos por los muertos y ustedes no lloraron'" (Mateo 11:16-17).

La unción de Elías viene con la madurez. No sigue el ritmo de nadie más. Proviene puramente del corazón de Dios. Aquellos que tienen el espíritu de Elías viven para predicar mensajes que produzcan justicia. No serán parte de un sistema religioso. Dirán puramente la verdad. No se enfocan en predicar un mensaje hermoso, elocuente y perfectamente redactado. Exponen la cruda verdad de la Palabra de Dios. Sin ninguna pretensión. Creen lo que predican y predican lo que creen.

La unción de Elías tiene el estilo no religioso de Juan Bautista. Es conflictiva y desafiante. Enfrenta toda autoridad ilegal y nos pone cara a cara con la verdad. Afrenta al pensamiento natural, creando conflicto y tensión, aumentando nuestra desesperación por buscar y penetrar en el corazón de Dios. Es violenta en su forma de oponerse al *statu quo*. Es impetuosa porque irrumpe sin aviso previo; y confrontadora. Jesús dijo: "Desde los días de Juan el Bautista hasta ahora, el reino de los cielos ha venido avanzando contra viento y marea, y los que se esfuerzan logran aferrarse a él" (Mateo 11:12).

La unción de Elías es implacable. No retrocede, no flaquea y no gira ni a diestra ni a siniestra. Está en tu rostro. No tiene por qué hacer ruido. Es la verdad de Dios que confronta. Es resuelta y tenaz contra la injusticia y la maldad. No retrocede ni se rezaga. No es silenciada. Está en guerra espiritual contra el engaño en cuanto a los caminos de Dios.

Si la unción de Elías está obrando en tu vida, debes decir la verdad con audacia y valentía. No temas ofender a nadie al hablar la verdad de la Palabra porque muchos, incluso dentro de la iglesia, están engañados. Han dejado que la cultura y su propia ofensa los lleven por caminos errados. Se sientan en la iglesia y oyen, pero no escuchan. La Palabra no pasa de sus oídos a sus corazones. No les insta a hacer cambios en sus vidas. No los mueve a la acción. Y por eso se están engañando a sí mismos, tal como advierte la Biblia: "No se contenten solo con oír la palabra, pues así se engañan ustedes mismos. Llévenla a la práctica" (Santiago 1:22).

El espíritu y la unción de Elías constituyen un ministerio milagroso que opera portentos, señales, prodigios y da autoridad para gobernar los cielos. Eso cumple lo que afirma la profecía de Malaquías 4:5-6, ya que hace que los corazones se vuelvan a Dios. Esa unción es un espíritu paternal que confronta la falta de padre en nuestra generación, ubica a los solitarios en familias y llama a las generaciones a regresar a su identidad y su destino en el reino de Dios. Se sustenta en la oración y el ayuno, y es impulsada por la unción del Espíritu Santo. Y viene a restaurar el estruendo y la audacia en la iglesia.

TRES MOVIMIENTOS DEL ESPÍRITU DE ELÍAS

Hay tres movimientos por los que el espíritu de Elías lleva al pueblo de Dios a volver a dirigir sus corazones al Señor y restaurar sus relaciones con él: avivamiento, reforma y restauración.

Avivamiento

Avivamiento se refiere al acto de ser revivido, de volver a la vida, de florecer o volverse activo otra vez. Cuando la gente se aleja del Señor, su fe está muerta. Sus vidas espirituales están vacías y estériles. Cuando se encuentran en ese estado, necesitan avivamiento. La palabra hebrea para *revivir* es *ḥāyâ*, que significa vivir; tener vida; ser restaurado a la vida o a la salud; para revivir de la enfermedad, del desánimo, del desmayo o de la muerte; es decir, dar vida; nutrir; estar completo.

El salmista Asaf escribió: "¡Vuélvete a nosotros, oh Dios de los Ejércitos! ¡Asómate a vernos desde el cielo... Entonces no nos apartaremos de ti; *reavívanos* e invocaremos tu nombre" (Salmos 80:14, 18, énfasis añadido). Asaf reconoció que los que se alejaban del Señor, necesitaban ser reavivados. El Salmo 119 declara lo que traerá avivamiento a los corazones del pueblo de Dios: su Palabra: "*Vivifícame* según tu palabra" (v. 25 RVR1960, énfasis añadido).

La unción de Elías emerge como una fuerza transformadora, lista para iniciar un avivamiento de una magnitud sin precedentes. Así como el profeta Elías llamó al fuego del cielo para purificar y reavivar los corazones del pueblo, esta unción tiene el potencial de incitar un fuego espiritual que limpiará, renovará y despertará a la iglesia de hoy.

En una era marcada por las distracciones y las influencias mundanas, la unción de Elías empoderará a los líderes y creyentes para enfrentar con valentía la complacencia y la tolerancia, atrayéndolos nuevamente a una ferviente devoción a la verdad de Dios. Alentará a las personas a hablar con autoridad profética, abordando problemas sociales con un claro sentido moral e inspirando un anhelo por la justicia.

A través de una adoración apasionada, una oración ferviente y un compromiso inquebrantable con la Palabra de Dios, la unción de Elías no solo restaurará los corazones de los creyentes sino que también resonará más allá de los muros de la iglesia, atrayendo a los perdidos a un encuentro transformador con el Dios vivo. A medida que esa unción recorra la iglesia del siglo veintiuno, llevará consigo la promesa de un avivamiento, encendiendo una pasión renovada por el reino de Dios y allanando el camino para un despertar espiritual que llegue a todos los rincones del mundo.

El verdadero avivamiento requiere arrepentimiento. Arrepentirse significa alejarse del pecado. No se trata solo de cambiar ligeramente de dirección, sino de hacer un giro completo de ciento ochenta grados. La palabra hebrea para *arrepentirse* es *šûḇ*, y literalmente significa regresar; retirarse, liberar, retroceder, rescatar, aliviar, restaurar y regresar. El arrepentimiento es el primer paso para restaurar una relación correcta con el Señor. Cuando Elías estaba en el monte Carmelo, hizo una pregunta clave a los hijos de Israel:

"¿Hasta cuándo van a seguir indecisos? Si el Dios verdadero es el Señor, deben seguirlo; pero si es Baal, síganlo a él".

—1 Reyes 18:21

Al principio, el pueblo de Israel no le respondió nada, en absoluto. Pero cuando llegó el momento en que el enfrentamiento en el monte

Carmelo alcanzó su clímax, Elías declaró: "Señor, Dios de Abraham, de Isaac y de Israel, que todos sepan hoy que tú eres Dios en Israel y que yo soy tu siervo y he hecho todo esto en obediencia a tu palabra. ¡Respóndeme, Señor, respóndeme, para que esta gente reconozca que tú, Señor, eres Dios y estás haciendo que su corazón se vuelva a ti!" (vv. 36-37).

Entonces el fuego del Señor cayó del cielo.

No hubo ninguna duda en la mente de aquellas personas acerca de quién era el verdadero Dios. Los profetas tipo Elías siempre desafiarán la lealtad de tu corazón. El pueblo cayó con el rostro en tierra, diciendo: "¡El Señor es Dios! ¡El Señor es Dios!" (v. 39). Ese fue el momento del arrepentimiento y el inicio del avivamiento de Israel.

Reforma

La reforma tiene que ver con corrección, liberación e instrucción. Tiene que ver con derribar los altares falsos que la gente construye en sus vidas y redefinir lo que es verdad basándose en lo que Dios dice en su Palabra, en lugar de lo que el mundo dice que es verdad e incluso la "verdad" de un individuo sobre el mundo.

Elías tuvo que reconstruir los altares de adoración al único Dios verdadero una vez que derribó los de los dioses falsos. Recuerda, no basta con deshacerte de los altares falsos. No basta con derribar tus ídolos. Necesitas reemplazarlos con la verdad; es necesario sustituirlos con la adoración al Señor Dios todopoderoso. Asegúrate de que Jesús sea el que esté entronizado en tu corazón y en tu mente, porque si eso no es así terminarás nuevamente con los altares y los ídolos falsos. No te deshagas simplemente de las mentiras; sustitúyelas por la verdad.

La reforma se trata de un nuevo compromiso con la santidad. El Salmo 119 dice:

Tú me respondiste cuando te hablé de mis caminos.
Enséñame tus estatutos.
Hazme entender el camino de tus preceptos
    y meditaré en tus maravillas.

De angustia se me derrite el alma:
susténtame conforme a tu palabra.
Apártame del camino de la falsedad;
concédeme las bondades de tu Ley.
He escogido el camino de la fidelidad;
he preferido tus leyes.

—SALMOS 119:26-30

El avivamiento conduce a la reforma. Necesitamos saber la verdad. Necesitamos saber lo que dice la Palabra acerca de cómo vivir. Debemos conocer los preceptos del Señor. Hay mucha apostasía en la iglesia a causa de la falta de enseñanza sobre los conceptos básicos de las Escrituras: lo que realmente significa ser santo y apartado para el Señor. La gente está deconstruyendo la fe y cayendo, por eso necesitamos que Elías llame a la gente a regresar a la santidad y la pureza. La reforma es un llamado al hambre y la sed de justicia, porque cuando estés sediento serás saciado.

Recuerda la pregunta clave que hizo Elías: "¿Cuánto tiempo vacilarás entre dos opiniones?". Es hora de dejar de vacilar. Es tiempo de levantarte y decir: "En cuanto a mí y mi casa, serviremos al Señor". Es hora de derribar los altares falsos y desarraigar los ídolos de nuestros corazones para adorar al único Dios verdadero.

Restauración

El avivamiento conduce a la reforma, la que —a su vez— lleva a la restauración. Pero para que ocurra una verdadera restauración, los hijos de Dios deben volverse a él: "¡Restáuranos, oh Señor, y haz que regresemos a ti! ¡Devuélvenos la alegría que teníamos antes!" (Lamentaciones 5:21). Por eso, una parte clave del espíritu y la unción de Elías es hacer que los corazones regresen al Señor. El propio Jesús habló sobre la restauración del espíritu de Elías cuando dijo: "Sin duda Elías vendrá y restaurará todas las cosas" (Mateo 17:11).

En ese momento, los discípulos comprendieron que Jesús estaba hablando de Juan Bautista, el precursor de la primera venida del Señor. Pero así como Juan el Bautista trajo restauración en preparación para la primera venida, creo que aquellos que hoy tienen el espíritu y la unción de Elías están llamados a traer restauración a los que se han apartado del Señor, en preparación para la segunda venida.

La restauración consiste en rehabilitar a las personas en todos los sentidos: espiritual, física, mental, emocional y financieramente, etc. Restaurar tiene que ver con sanar heridas, reconstruir comunidades tanto dentro como fuera de la iglesia, y reintegrar la esperanza de las personas en el Señor. La gente necesita esperanza, pero esta debe enfocarse en algo real, algo verdadero. Romanos 5:5 dice: "Esta esperanza no nos defrauda, porque Dios ha derramado su amor en nuestro corazón por el Espíritu Santo que nos ha dado".

Sí, Elías pidió fuego, pero el propósito era que la gente entendiera que el Señor es el Dios vivo y verdadero. Y cuando entiendes que Jesús es el Señor y que no hay otro, eso genera esperanza. Jesucristo es nuestra esperanza viva.

La profecía sobre Elías en el Libro de Malaquías dice: "Miren, les envío al profeta Elías antes de que llegue el gran y terrible día del Señor. Sus predicaciones harán volver el corazón de los padres hacia sus hijos y el corazón de los hijos hacia sus padres" (4:5-6). El regreso de los corazones al Padre celestial es una parte vital de la unción de Elías, pero la restauración de las familias terrenales también es un componente clave. El Padre quiere volver a alinearnos con sus planes y propósitos como familias.

El enemigo de nuestras almas ha ido destruyendo familias a diestra y siniestra. La falta de padres alcanza niveles endémicos. Vivimos en una generación sin padres y eso es parte de una batalla épica por las almas de nuestros hijos. Aun cuando muchas madres hacen un trabajo maravilloso criando a sus hijos como madres solteras, los hijos todavía necesitan padres. Urgimos que los padres sean restaurados a sus familias y necesitamos padres espirituales restaurados en la casa de Dios.

Muchas personas crecieron sin progenitores o con padres que las lastimaron, maltrataron o abusaron de ellas. Pero la unción de Elías viene a traer restauración. Viene a sanar familias y a llenar el vacío paternal en variadas maneras. La Palabra dice que Dios es padre de los huérfanos (Salmos 68:5). Dice: "Dios ubica a los solitarios en familias" (v. 6 NTV). Dios no desea restaurar solamente a individuos; también quiere restaurar a las familias. Todo es parte del espíritu de Elías trabajando en el mundo.

¿QUÉ PASA CONTIGO?

Cuando despiertes al llamado de Dios a ser un Elías en este tiempo, su mano descansará sobre tu vida. Es posible que hayas comenzado a sentir una conmoción y un celo por las cosas de Dios en formas que nunca antes habías experimentado. Si es así, pronuncia la siguiente oración: "Señor, deja que tu mano descanse sobre mi vida". Su mano le dará seguridad, estabilidad, bendición y favor a tu vida.

> Porque yo soy el Señor tu Dios, que sostiene tu mano derecha;
> yo soy quien te dice: "No temas, yo te ayudaré".
>
> —Isaías 41:13

Puede que te sientas solo, tal como le pasó a Elías, pero Dios te recuerda —en este momento— que hay más personas como tú que desean servirle. Te recuerda que está contigo. Que nunca te dejará ni te desamparará (Hebreos 13:5). Cuando el Creador de los cielos y de la tierra se convierte en tu socio, todo es posible (Mateo 19:26). Las limitaciones desaparecen cuando la mano del Señor está sobre ti. Cuando la mano del Señor vino sobre Elías, ¡él superó a los carros de Acab!

Los carros representan algo de gran poder y velocidad. Los carros también son hechos por el hombre. Cuando la mano del Señor esté sobre tu vida, vencerás todo sistema o estructura creado por el hombre y diseñado para detenerte e impedirte alcanzar tu destino. Cuando la mano del Señor viene sobre ti, se despliega una unción de vigor y resistencia en tu ser. Es posible que te sientas abandonado o abrumado. Pero, en vez de ser presa de tus sentimientos, decreta que la mano del Señor está fortaleciendo sobrenaturalmente tu vida. Permite que la entereza descanse en tu alma. ¡Con el poder del Señor obrando en ti, y a través de ti, tienes la capacidad de terminar tu carrera con gozo! La mano de Dios representa poder y poder sobrenatural, y es el ímpetu o la fuerza que te hará realizar grandes hazañas para el Señor. Milagros, señales y prodigios comenzarán a fluir en tu vida. Cuando la mano de Dios viene sobre ti, viene una nueva autoridad y un poder que te permitirá destruir a los enemigos de tu destino.

> Tu diestra, Señor, reveló su gran poder; tu diestra, Señor, despedazó al enemigo.
>
> —Éxodo 15:6

Son tiempos peligrosos, pero quiero que decretes que —en este momento— la mano del Señor tocará tu vida. Deja que su poder venga sobre ti para que hagas grandes hazañas para el reino, tal como lo hizo Elías en sus días. ¡Levántate con espíritu de valentía y declara que todo enemigo que venga a robar tu corazón y el de aquellos a quienes eres enviado será destruido! Hazle saber que "¡Aquí está Elías!".

ORACIÓN

Que el espíritu y la unción de Elías se extiendan por nuestra tierra, moviendo los corazones al arrepentimiento y la reconciliación. Dejemos que el espíritu de Elías encienda un fuego de amor y unidad dentro de las familias, restaurando relaciones rotas y promoviendo la compasión en las generaciones.

En el desierto de nuestras vidas, alza tu voz, oh Señor, con el espíritu y la unción de Elías, proclamando el amanecer de una nueva era. Prepara nuestros corazones y mentes para la transformación, guiándonos hacia un propósito más elevado y una conexión más profunda contigo.

Manifiesta milagros y señales a través de los ungidos con el espíritu y la unción de Elías. Aviva nuestra fe y restaura la esperanza en los corazones de los desesperanzados. Deja que estas intervenciones divinas sean un testimonio de tu poder y tu amor, acercándonos a ti. Concédenos la audacia para enfrentar la corrupción y la injusticia, oh Señor. Que el espíritu y la unción de Elías nos animen a decir la verdad a fin de desafiar los sistemas opresivos y abogar por la rectitud y la rendición de cuentas.

Declaramos el despertar de los profetas ungidos con el espíritu y la unción de Elías. Por la autoridad de tu nombre, desatamos tu unción divina sobre estos vasos escogidos, encendiendo un fuego dentro de ellos para proclamar tu verdad con valentía.

En el poderoso nombre de Jesús, declaramos que estos profetas han de levantarse con una pasión ardiente por la rectitud y la justicia. Se enfrentarán sin miedo a la oscuridad que impregna nuestro mundo, liberando tu luz brillante en cada lugar donde impere la desesperación.

Por el poder del Espíritu Santo, declaramos un derramamiento de discernimiento y sabiduría sobrenaturales sobre estos profetas. Navegarán en esta compleja era con percepción divina, guiados por tu voz y caminando en el camino de tu propósito divino.

Padre, decretamos que sus corazones sean tiernos y compasivos, que oigan los gritos de los quebrantados y oprimidos. Son agentes de tu sanación y tu restauración, defensores de los marginados y catalizadores de la justicia divina en cada situación.

En el espíritu y la unción de Elías, declaramos que señales y prodigios han de acompañar su ministerio. Los milagros se manifestarán cuando declaren con valentía tu palabra, confirmando su verdad con demostraciones sobrenaturales innegables que cautiven a multitudes y las atraigan a tu amoroso abrazo.

Señor, eres dador de dones, por lo que nos alineamos para apoyar y enaltecer a estos profetas. Mantenemos una solidaridad inquebrantable con ellos al participar en batallas espirituales, conscientes de que la victoria está asegurada a través de tu mano poderosa. Por tu divina sabiduría, proclamo el surgimiento de profetas que llevan el espíritu y la unción de Elías en esta generación.

Sus voces resonarán como truenos, penetrando a través del ruido y guiando a multitudes de regreso a ti. Se despertará un avivamiento en los corazones y las naciones a medida que tu reino se manifieste de maneras sin precedentes.

Pronunciamos esta declaración con fe inquebrantable, conscientes de que eres fiel en cumplir tus promesas. Que se haga tu voluntad y que tu reino impere en la tierra como en el cielo. En el poderoso e incomparable nombre de Jesús, declaramos que así es.

Capítulo 2

Cuando los cimientos
se destruyen

C REEMOS, SIN LUGAR a dudas, que Dios está equipando a una nueva generación de profetas con el espíritu, el poder y la unción de Elías. Su principal tarea será desafiar el declive moral y la apostasía en la iglesia. Las derivas teológicas y las desviaciones doctrinales dentro del ámbito eclesial son alarmantes. Las presiones del secularismo, la inclusión cultural y las ansias de ser relevantes han llevado a un alejamiento de las verdades esenciales y a un debilitamiento de las enseñanzas bíblicas. Este alejamiento afecta los cimientos de la iglesia y socava su capacidad de proclamar la plenitud de la verdad de Dios.

Hace siglos el salmista preguntó: "Cuando los fundamentos son destruidos, ¿qué le queda al justo?" (Salmos 11:3). Esta interrogación debe ser respondida por esta generación de líderes. Mi respuesta se encuentra en Efesios 2:20: debemos reconocer y edificar sobre el fundamento de los apóstoles y profetas, con Cristo como la principal piedra del ángulo. Así como la piedra angular determina la alineación y la estabilidad de un edificio, los líderes de hoy debemos reconocer a Jesucristo como la autoridad suprema y el fundamento sobre el cual se construyen todos los aspectos del ministerio y el liderazgo. Se necesitan profetas Elías actuales para construir y fortalecer los cimientos de la iglesia.

El poder transformador que marcó al profeta Elías es necesario en la época actual. La iglesia precisa audacia, convicción profética y un compromiso decidido con la justicia. El ejemplo de Elías inspira arrepentimiento, avivamiento y una búsqueda renovada de la verdad de Dios. Cuando la iglesia desafía las influencias culturales y la apostasía, puede reclamar su identidad como un faro de luz en un mundo oscuro. La iglesia puede experimentar un avivamiento y un vigor espiritual a través de la fe y la dependencia de Dios, al punto que podamos ser testigos del poder transformador de los Elías de esta era presente, los cuales operan bajo la unción del Espíritu Santo, obrando entre nosotros.

El surgimiento de los profetas de hoy, ungidos con el espíritu y el poder de Elías, es un testimonio de la fidelidad de Dios en cada generación. Estos instrumentos escogidos poseen un llamado profético que trasciende las normas culturales y las expectativas sociales. Encarnan características especiales que reflejan su compromiso inquebrantable con la verdad y la justicia; además, sus dones espirituales les permiten enfrentar la decadencia moral, la apostasía y la complacencia espiritual.

Como testigos que somos del surgimiento de estos profetas ungidos, acojamos su ministerio y recibamos sus palabras con humildad y discernimiento. Reconozcamos su llamado como un don divino para la iglesia. Un don que nos insta a examinar nuestras vidas, a alinearnos con la verdad de Dios y a buscar fervientemente el avivamiento. A través de su unción, el espíritu y el poder de Elías fluirán, encendiendo un fuego santo dentro de nuestros corazones y marcando el comienzo de una transformación que dará forma al curso de la historia.

Dios está cubriendo profetas tipo Elías para confrontar la creciente apostasía y el desvío teológico dentro de la iglesia. La apostasía promueve el abandono de las creencias cristianas fundamentales y prácticas. La deriva teológica ocurre cuando la iglesia se aparta de la sana doctrina bíblica, abrazando enseñanzas que diluyen o distorsionan el evangelio. Las presiones del secularismo, la inclusión cultural y el deseo de ser relevantes han llevado a un alejamiento de las verdades esenciales y a un debilitamiento de las enseñanzas bíblicas. Este alejamiento debilita los cimientos de la iglesia y socava su capacidad de proclamar la plenitud de la verdad divina.

En su libro *Why So Many Christians Have Left the Faith* [Por qué muchos cristianos se alejan de la fe], el Dr. Michael Brown afirma que un mensaje condescendiente del evangelio produce frutos débiles. Hoy predicamos todo tipo de evangelios, mensajes mezclados con suficiente verdad como para que se parezcan al evangelio real, pero no tanta como para convertir y transformar vidas; mensajes con suficiente Escritura para que luzcan bien pero mezclados con bastante veneno para matar.

¿Cuáles son algunos de estos mensajes complejos que prevalecen hoy en día?

- El evangelio de la salud y la prosperidad, que atrae con promesas de curación física y éxito financiero ilimitado con la condición de que uno crea.
- El evangelio motivacional, en el que el predicador asume el papel de mentor de vida, con el objetivo de saturarte de positividad, sentimientos de satisfacción y logros.
- El evangelio de la celebridad, que esencialmente sugiere: "Observa todas estas figuras renombradas y atractivas que se alinean con Cristo. Acaso, ¿no es encantador ese atractivo?".
- El evangelio progresista, que presenta a Jesús como un maestro iluminado en sintonía con los valores del mundo contemporáneo.
- El evangelio de la justicia social, que reduce temas principalmente multifacéticos a cuestiones de racismo y justicia, con Jesús considerado como la solución para las injusticias sociales y no como el medio para reconciliarnos con Dios.

Tal manera de predicar tiene el potencial de socavar los cimientos de la iglesia. Al permitir estos mensajes contradictorios —impregnados y aparentemente infundidos con elementos de verdad—, se erosionan los principios fundamentales de la fe sobre la que se sostiene la iglesia. La distorsión de las verdades del evangelio, la dilución de la autenticidad de las Escrituras y la manipulación de los principios divinos —en última instancia— debilitan el tejido espiritual sobre el que se construye la iglesia.

La confusión, la desilusión y las creencias tolerantes que resultan de ello pueden conducir a una fragmentación de la unidad de la iglesia y a un alejamiento de las verdades esenciales que han anclado a los creyentes durante generaciones. Por lo tanto, es primordial protegerse contra esas tendencias y esforzarse por una predicación que sostenga la Palabra no adulterada, asegurando la preservación de los fundamentos de la iglesia y la vitalidad espiritual de sus miembros.

El espíritu y la unción de Elías contrarrestan la creciente apostasía y la deriva teológica al defender la sana doctrina y proclamar fielmente la plenitud de la verdad de Dios. Elías se mantuvo firme contra los profetas de Baal, expuso sus falsas enseñanzas y llevó al pueblo de regreso a la adoración del Dios verdadero.

De la misma manera, los profetas de hoy —equipados con el espíritu, el poder y la unción de Elías— pueden enfrentar la apostasía y la confusión teológica proclamando el mensaje inalterable del evangelio. Pueden descubrir y revelar las enseñanzas falsas, desafiar las interpretaciones distorsionadas de las Escrituras y señalarles a los creyentes las verdades inmutables de la Palabra de Dios. Los profetas ungidos con el espíritu y el poder de Elías son faros inquebrantables de la verdad absoluta en un mar de relativismo moral.

Los Elías de hoy están preparados para desempeñar un papel fundamental en la restauración de los cimientos que han sido erosionados dentro de la iglesia. Así como el Elías original enfrentó la idolatría y provocó una renovación de la fe, estos líderes espirituales contemporáneos están llamados a ser faros de verdad y restauración. Estos Elías no son simples espectadores, sino participantes activos en la reconstrucción de la infraestructura espiritual. A través de su enseñanza, tutoría y ejemplo, guían a los creyentes a redescubrir la profundidad de las Escrituras, restableciendo una conexión sólida con las enseñanzas auténticas de Cristo. Su énfasis en una doctrina inflexible y una vida recta actúa como catalizador del avivamiento, dando vida nuevamente a los cimientos de la iglesia.

Al enfrentar con valentía las presiones sociales y las influencias culturales que amenazan la integridad de la fe, los Elías de hoy inspiran el regreso a los principios elementales del evangelio. Su dedicación a la oración, al discernimiento y la convicción inquebrantables impulsa a los creyentes a anclarse en las verdades inmutables de las Escrituras.

Estos líderes espirituales, en esencia, llevan el manto de Elías; no solo identificando los cimientos que se arruinan sino participando activamente en su restauración. A través de sus esfuerzos, allanan el camino para una iglesia revitalizada que se mantiene firme sobre el fundamento inquebrantable de la Palabra de Dios, lista para impactar al mundo con fuerza y propósito renovados.

A través de estos Elías de hoy, la iglesia puede entender mejor su llamado profético, la importancia del discernimiento y la búsqueda del avivamiento tanto personal como colectivo. En última instancia, el objetivo es alinearse con los propósitos de Dios, traer transformación a individuos y comunidades, y hacer avanzar el reino de Dios. Debemos regresar a un evangelio que nos humille, nos convenza, nos advierta, nos salve y haga que lamentemos nuestro propio pecado así como el de los demás.

Los Elías de Dios, de esta era, estarán a la altura de las circunstancias, convocando a líderes a emular el fervor del Elías de la Biblia, con una pasión encendida por la gloria de Dios y una profunda preocupación por el bienestar de su nación. Al igual que el profeta de la antigüedad, estos Elías contemporáneos instarán a los líderes a trascender sus agendas y ambiciones personales de manera que den prioridad a la honra y el esplendor de Dios por encima de todo, sustentando sus acciones con una devoción inquebrantable por el mejoramiento de su pueblo. Animarán a los líderes a ser instrumentos de las soluciones divinas para los desafíos que enfrentan sus comunidades, promoviendo un ambiente donde la voluntad de Dios no solo se conozca sino que se acepte plenamente.

En última instancia, los Elías de hoy en día cubrirán a los líderes para que sean catalizadores del cambio, impulsados por un fuego insaciable para la gloria de Dios y una preocupación ardiente por el bienestar de sus naciones. A través de su devoción inquebrantable, guiarán a los líderes a una jornada transformadora, convirtiéndolos en instrumentos dispuestos en las manos de Dios, agentes de cambio y campeones del plan redentor.

LA TRAMPA DE LA TOLERANCIA

Tolerancia es una palabra que escuchamos muy a menudo. Por lo general, se la considera como virtud. Nadie quiere ser tachado de intolerante hoy en día.

El diccionario define *tolerancia* como "simpatía o indulgencia por creencias o prácticas que difieren o entran en conflicto con las propias; el acto de permitir algo". Otros la definen como "una actitud o política justa, respetuosa y permisiva hacia personas cuyas opiniones, creencias, prácticas, orígenes raciales o étnicos, etc., difieren de las propias o de la mayoría; libertad frente a la intolerancia y frente a la insistencia en el conformismo".

Esas definiciones de tolerancia hacen que parezca algo realmente bueno. Y la verdad es que la tolerancia bíblica es una cosa buena. Si la definimos como tratar a los demás con amor, bondad y respeto, aun cuando no estemos de acuerdo con ellos, la tolerancia es una virtud bíblica. El apóstol Pablo escribió: "Yo … les ruego que vivan de una manera digna del llamamiento que han recibido, siempre humildes y amables, pacientes, tolerantes unos con otros en amor. Esfuércense por mantener la unidad del Espíritu mediante el vínculo de la paz" (Efesios 4:1-3). Otra traducción de Efesios 4:2 dice: "…tolérense las faltas por amor" (NTV).

En referencia al trato con los demás, la Biblia también afirma:

> En fin, vivan en armonía los unos con los otros; compartan penas y alegrías, practiquen el amor fraternal, sean compasivos y humildes. No devuelvan mal por mal ni insulto por insulto; más bien, bendigan, porque para esto fueron llamados, para heredar una bendición.
>
> —1 PEDRO 3:8-9

El amor, la misericordia, la compasión, el respeto y hacer el bien a los demás están todos envueltos en lo que se entiende tradicionalmente como tolerancia. Pero esa definición ha ido cambiando. La *tolerancia* ya no se trata solo de respetar el derecho de los demás a tener opiniones diferentes a las propias. Tolerancia, ahora, significa que hay que aceptar todas las opiniones, perspectivas, estilos de vida y "verdades" como igualmente válidas. Ahí es donde radica el problema.

La tolerancia, ahora, implica que no existe una verdad absoluta. La tolerancia de hoy afirma que no existen estándares en blanco y negro. Las personas son libres de decidir por sí mismas lo que creen que es verdadero o aceptable. Si una persona piensa que algo está bien, entonces debe estarlo; si dices lo contrario, eres intolerante. La Biblia puede decir que el adulterio es pecado, pero si alguien piensa que es aceptable según su "verdad", entonces ya no es pecado. Y no solo eso, si afirmas que el adulterio es pecado, estás siendo intolerante. Tolerancia significa que se espera que des tu aprobación ciega a todo lo que alguien diga que es correcto, verdadero o bueno, sin importar lo que sea. No hace mucho casi todo el mundo habría dicho que el matrimonio es entre un hombre y una mujer, pero en los tiempos que vivimos, si dices que el matrimonio es entre un hombre y una mujer, eres intolerante. Puedes decir: "Bueno, la Biblia declara: 'Por eso dejará el hombre a su padre y a su madre, se unirá a su mujer, y los dos llegarán a ser uno solo', lo que parece ser una indicación bastante clara de que Dios define el matrimonio como un acto entre un hombre y una mujer" (Génesis 2:24), pero hoy no vale eso. La sociedad ha sucumbido a la agenda homosexual y ha descartado la verdad de la Palabra de Dios sobre el matrimonio.

Sin embargo, cuando descartas la verdad de la Palabra de Dios, o cuando eres selectivo con lo que crees que es verdad en la Palabra de Dios, estás en una pendiente muy resbaladiza. Estás corriendo peligro porque te estás alejando de una base firme. La verdad relativa es peligrosa puesto que carece de absolutos. Cuando no se tienen estándares definidos en blanco y negro referentes a la verdad y la moralidad, la línea entre el bien y el mal comienza a desaparecer. Y como Satanás es el gobernante de este mundo, por ahora, esa línea no avanza en una buena dirección.

Otro problema con la comprensión actual de la tolerancia por parte de la sociedad es que ella es el objetivo final. La gente quiere ser libre de creer y hacer lo que quiera, sin juicios, sin consecuencias, sin repercusiones, sin responsabilidad y sin consideración por el bienestar de los demás. Pero la tolerancia no es el objetivo final de la que se nos muestra en la Biblia, ni la tolerancia bíblica significa que las personas tengan vía libre para hacer lo que quieran. La Palabra afirma: "¿No ves que desprecias … su tolerancia … al no reconocer que su bondad quiere llevarte al arrepentimiento?" (Romanos 2:4). Por eso debemos tener compasión por los perdidos y debemos tener el deseo de verlos salvos, redimidos y liberados. Eso significa que mientras los tratemos con respeto, misericordia y amor, también compartimos la verdad con valentía y amor, porque el Señor "no quiere que nadie perezca, sino que todos se arrepientan" (2 Pedro 3:9).

Si seguimos las pautas de la sociedad sobre la tolerancia, la gente no reconocerá su pecado ni su necesidad del Salvador. El apóstol Pablo escribió que "todo aquel que invoque el nombre del Señor será salvo". Pero después de esa declaración preguntó: "¿Cómo, pues, invocarán a aquel en quien no han creído? ¿Y cómo creerán en aquel de quien no han oído?" (Romanos 10:13-14).

La definición mundial de tolerancia silencia a los creyentes. Les impide difundir el evangelio. Les prohíbe acercarse a las personas heridas y quebrantadas —esclavizadas por el pecado— con la verdad que los sanará, les dará esperanza y los liberará. El Señor pagó un alto precio para liberar a todos los seres humanos de su pecado. Por tanto, ¿cómo podemos permitir que la "tolerancia" condene al infierno a muchos de los perdidos al permitir que nos amordacen? Esa no es la voluntad del Señor.

Seamos claros además: Jesús era intolerante con muchas cosas. Él no dijo nunca que todos los caminos conducen al cielo ni que hay muchos caminos hacia la salvación. Lo que dijo fue esto: "Yo soy el camino, la verdad y la vida. Nadie viene al Padre sino por mí" (Juan 14:6), y "Entren por la puerta estrecha. Porque es ancha la puerta y espacioso el camino que conduce a la destrucción, y muchos entran por ella" (Mateo 7:13).

Jesús también fue intolerante con el pecado. Era tolerante con los pecadores, pero intolerante con el pecado que los mantenía en esclavitud. Tomemos como ejemplo a la mujer sorprendida en adulterio. Él no la condenó. No le arrojó piedras ni la degradó, ni la ridiculizó ni la menospreció. Lo que le dijo fue: "Vete y no peques más" (Juan 8:11).

Así que, aun cuando la tolerancia bíblica es una manera de ayudarnos a alcanzar a los perdidos, la tolerancia mundana solo conduce a la aceptación de los valores de los demás y a la consecuente destrucción. La tolerancia bíblica conduce a la libertad en Cristo, la esperanza y la paz; la tolerancia mundana lleva a la esclavitud, la desesperación y la agitación. Para operar con el espíritu y la unción de Elías, no podemos permitir que nos silencien con el miedo a ser tildados de intolerantes. Debemos abrir nuestra boca y hablar la verdad de la Palabra de Dios. Necesitamos ser voces que clamen, llamando a la gente al arrepentimiento y a volverse al Señor.

La tolerancia, cuando se lleva al extremo o se aplica mal, puede conducir a compromisos aciagos dentro de la iglesia. Puede malinterpretarse o distorsionarse de una manera que socave la verdad bíblica y diluya el mensaje inexorable del evangelio. Cuando la tolerancia se convierte en un valor absoluto sin discernimiento ni límites, puede erosionar los cimientos firmes de la iglesia. Esto puede manifestarse de varias maneras, mediante:

> El relativismo. La tolerancia excesiva puede conducir al
> relativismo, la creencia de que todas las perspectivas y
> creencias son igualmente válidas y verdaderas. Cuando
> esta mentalidad se infiltra en la iglesia, socava la verdad
> absoluta de la Palabra de Dios. Puede llevar a un
> debilitamiento de las enseñanzas bíblicas, tergiversando
> el carácter único de la fe cristiana.

La condescendencia moral. La tolerancia desenfrenada puede promover la aceptación de comportamientos y prácticas que son contrarias a las enseñanzas de las Escrituras. Puede erosionar las normas morales y hacer desaparecer el llamado a la santidad. La iglesia puede sentirse presionada a ceder en cuestiones tales como la ética sexual, el matrimonio y la santidad de la vida, carcomiendo los valores bíblicos para adaptarse a las expectativas sociales.

La disolución doctrinal. El énfasis excesivo en la tolerancia puede llevar a una pobre claridad en cuanto a la doctrina. En un intento por evitar desacuerdos u ofensas, se pueden restar importancia a verdades teológicas esenciales o ignorarlas. Esto puede resultar en una pérdida de distinción teológica y en un debilitamiento respecto a las doctrinas centrales de la fe cristiana.

La apatía espiritual. Cuando la tolerancia se equipara erróneamente con la aceptación de todas las creencias, puede conducir a la apatía espiritual y la complacencia. La urgencia de compartir el evangelio y llamar a las personas al arrepentimiento y la fe en Cristo puede disminuir. La iglesia puede dudar en decir la verdad con valentía, por temor a ofender o ser vista como intolerante.

Es crucial lograr un equilibrio entre la tolerancia y el compromiso inquebrantable con la verdad bíblica. La iglesia está llamada a ser amorosa, compasiva y respetuosa con los demás en tanto que permanece firme en las enseñanzas y los valores descritos en las Escrituras. Esto requiere discernimiento, sabiduría y confianza en el Espíritu Santo para navegar por las complejidades de un mundo diverso sin comprometer las verdades inmutables del evangelio.

CÓMO DESTRUIR EL ESPÍRITU DE RELIGIÓN
Y LAS TRADICIONES DEL HOMBRE

El espíritu, el poder y la unción de Elías también vienen a quebrantar el espíritu de religión. Este espíritu reemplaza el gozo de una relación íntima y genuina con el Señor con la adhesión a una serie de cosas que se deben y no se deben hacer. Reemplaza, conforme a un conjunto de reglas y tradiciones, el hecho de que seas transformado por la obra del Espíritu Santo en tu vida. El espíritu religioso dice que hay que hacer ciertas cosas y servir a Dios en determinadas maneras para obtener su aprobación o ser bendecido por él. El espíritu religioso no da lugar a la gracia de Dios. Este espíritu tiene que ver con la apariencia exterior más que con la transformación y el crecimiento internos.

El profeta Isaías describió el espíritu religioso de esta manera:

> Este pueblo se acerca a mí con la boca y me honra con los labios, pero su corazón está lejos de mí. Su adoración es solo un mandamiento humano que le ha sido enseñado.
>
> —ISAÍAS 29:13

Las personas con espíritu religioso hablan del Señor de labios para afuera, pero sus corazones se han apartado de él. Siguen los movimientos de la tradición religiosa: van a la iglesia los domingos por la mañana, oran antes de las comidas, tienen algunos versículos de la Biblia que pueden citar en determinadas situaciones y lucen aparentemente piadosos en todos los sentidos. Pero, en realidad, son hipócritas porque su piedad solo es superficial. Son como los escribas y los fariseos del Nuevo Testamento. Jesús fue todo, menos tolerante con la hipocresía de ellos. Por eso dijo:

> Después de esto, Jesús dijo a la gente y a sus discípulos: Los maestros de la Ley y los fariseos tienen la responsabilidad de interpretar a Moisés. Así que ustedes deben obedecerlos y hacer todo lo que les digan. Pero no hagan lo que hacen ellos, porque

no practican lo que predican. Atan cargas pesadas y las ponen sobre la espalda de los demás, pero ellos mismos no están dispuestos a mover ni un dedo para levantarlas. Todo lo hacen para que la gente los vea ...

¡Ay de ustedes, maestros de la Ley y fariseos, hipócritas! Les cierran a los demás el reino de los cielos; ni entran ustedes ni dejan entrar a los que intentan hacerlo ...

¡Ay de ustedes, maestros de la Ley y fariseos, hipócritas! Dan la décima parte de sus especias: la menta, el anís y el comino. Pero han descuidado los asuntos más importantes de la Ley, tales como la justicia, la misericordia y la fidelidad. Debían haber practicado esto sin descuidar aquello. ¡Guías ciegos! Cuelan el mosquito, pero se tragan el camello.

¡Ay de ustedes, maestros de la Ley y fariseos, hipócritas! Limpian el vaso y el plato por fuera, pero por dentro están llenos de robo y falta de dominio propio. ¡Fariseo ciego! Limpia primero por dentro el vaso y el plato, así quedará limpio también por fuera.

¡Ay de ustedes, maestros de la Ley y fariseos, hipócritas!, que son como sepulcros blanqueados. Por fuera lucen hermosos, pero por dentro están llenos de huesos de muertos y de impurezas. Así también ustedes, por fuera dan la impresión de ser justos, pero por dentro están llenos de hipocresía y de maldad.

—Mateo 23:1-5, 13-14, 23-28

El Señor no quiere que ames de labios para afuera. Él no quiere que hagas buenas obras porque te sientas obligado a hacerlas ni para tratar de ganarte su bendición. Él quiere tu corazón. Él quiere que lo obedezcas y le sirvas con alegría, por amor, no por deber ni tradición. Él no quiere que te pongas una máscara de justicia mientras tu corazón está duro y lleno de pecado. Quiere limpiarte de adentro hacia afuera. Él es el único que puede hacer eso. No puedes limpiarte tú mismo. Jesús es el único que puede limpiarte y sanarte. Y anhela hacer eso por ti. El apóstol amado afirma en 1 Juan 1:9: "Si confesamos nuestros pecados, Dios, que es fiel y justo, nos los perdonará y nos limpiará de toda maldad".

El espíritu de religión y las tradiciones de los hombres es pura trampa. Trampa que impide que tengamos una relación genuina con el Señor. En los tiempos de Elías, muchos de los israelitas quedaron acorralados en la trampa de la religión y la tradición. Recuerda, a pesar de que llevaban el nombre de Dios en su nación, cuando realmente llegó el momento, simplemente se notó que habían estado cumpliendo con las formalidades. Cuando Elías planteó la pregunta clave en el monte Carmelo: "¿Hasta cuándo van a seguir indecisos", el pueblo de Israel solo lo miró (1 Reyes 18:21). No dijeron una palabra. Al alejarse del Señor, terminaron en la religión en vez de mantener la relación. Su fe terminó siendo una farsa.

Sin embargo, el espíritu y la unción de Elías vienen a sacar a la gente de su estupor religioso. Va a despertar a las personas que han estado sonámbulas, siguiendo las tradiciones creadas por el hombre y no buscando una relación genuina con el Señor. El espíritu y la unción de Elías vienen a hacer volver los corazones de las personas al Señor y a renovar su pasión por Dios. La unción de Elías predica la verdad de la Palabra con poder y enciende a la gente en fuego para servir al Señor de los ejércitos. Por tanto, no hay duda de que "¡El Señor es Dios! ¡El Señor es Dios!" (1 Reyes 18:39).

Si el Dios verdadero es el Señor...

En medio del enfrentamiento en el monte Carmelo con los profetas de Baal, después que le hizo la pregunta clave al pueblo: "¿Hasta cuándo van a seguir indecisos?", el profeta Elías continuó con un desafío: "Si el Dios verdadero es el Señor, deben seguirlo; pero si es Baal, síganlo a él" (1 Reyes 18:21). Estaba desafiando a la gente en cuanto a sus ídolos.

En los días de Elías, claramente había ídolos o dioses falsos que el pueblo escogía seguir y adorar. Baal era el más común de ellos, pero también adoraban a otros dioses falsos como Asera, Astarté y Moloc. El culto a esos dioses incluía el sacrificio de niños, especialmente a Moloc, y la promiscuidad sexual, entre otras cosas.

Levítico 18:21 prohíbe, de manera específica, al pueblo de Israel hacer que sus hijos "sean quemados como sacrificio a Moloc". El sacrificio de niños a Moloc implicaba colocar al pequeño en los brazos extendidos de una estatua de la deidad con un horno en su interior. El niño sería quemado vivo mientras hacían sonar música para ahogar sus llantos. El sacrificio de niños inocentes fue y es una abominación para el Señor; algo que quebranta su corazón. Proverbios 6:16-17 dice: "Hay seis cosas que el Señor aborrece y siete que le son detestables: los ojos que se enaltecen, la lengua que miente, las manos que derraman sangre inocente".

Hoy en día no adoramos a Moloc y no practicamos el sacrificio de niños como lo hacían algunas culturas antiguas. Sin embargo, muchas manos han derramado sangre inocente mediante el aborto, crueldad que se ha convertido en un ídolo en los corazones de muchos.

Ídolo es cualquier cosa que ocupa el primer lugar en tu corazón y que remplaza al Señor. Puede que la gente ya no adore a Baal o Astarté, pero aún son culpables de idolatría. Los ídolos que tenemos hoy se ven diferentes. En general, no son estatuas de madera ni de bronce. Más bien son cosas como dinero, sexo, identidad, estatus social, entretenimiento, comodidad personal, relaciones, ciencia, deportes, pornografía, etc. Las cosas que convertimos en ídolos no siempre son necesariamente malas en sí mismas. El dinero es algo bueno, pero el amor al dinero no lo es. El sexo es algo bueno, pero Dios lo creó y lo diseñó para que un hombre y una mujer lo disfrutaran dentro del vínculo del matrimonio. Amar a tu cónyuge y a tus hijos también es algo bueno. Pero cuando cualquiera de estas cosas ocupa el primer lugar en tu corazón, se convierte en idolatría. Ídolo es cualquier cosa que roba el afecto del pueblo de Dios.

La Biblia tiene mucho que decir acerca de la idolatría:

> Por tanto, hagan morir todo lo que es propio de la naturaleza terrenal: inmoralidad sexual, impureza, bajas pasiones, malos deseos y avaricia, la cual es idolatría.
>
> —Colosenses 3:5

No tengas otros dioses además de mí.

—Éxodo 20:3

Su tierra está llena de ídolos, y se han arrodillado ante la obra de sus manos y ante lo que fabricaron sus dedos.

—Isaías 2:8 RVR1960

Estas personas han hecho de su corazón un altar de ídolos y han puesto piedras de tropiezo que los hacen pecar.

—Ezequiel 14:3

Sirvieron a sus ídolos, los cuales fueron causa de su ruina.

—Salmos 106:36 RVR1960

La cuestión es que los ídolos son una trampa, un lazo. Nos alejan del Señor y nos llevan al pecado. Los ídolos cierran nuestros corazones. La unción de Elías proclama la venganza de Dios con la idolatría. Dios siempre ha querido un pueblo que lo ame y lo adore espontáneamente. La idolatría le roba a Dios su deseo, pero debido a su gran amor por nosotros él, literalmente, moverá cielo y tierra para traernos de regreso a la comunión con él. Es por eso que en esta época de gran idolatría, cuando tantas personas se han apartado del Señor para adorar el dinero, el sexo, a sí mismos o a otros ídolos, el Señor está enviando profetas con el espíritu y la unción de Elías. Está enviando profetas para desafiar al pueblo de Dios a determinar a quien realmente sirven y adoran.

Es hora de que los corazones del pueblo de Dios se vuelvan a él. Es hora de que los Elías de hoy se pongan de pie, proclamen con valentía la verdad, hablen contra el espíritu de religión y las tradiciones del hombre, y desafíen a la gente por su idolatría. Es hora de que se escuchen voces en el desierto, preparando el camino para la segunda venida del Señor.

Capítulo 3

Cómo hacer un Elías

LA PRIMERA VEZ que se menciona al profeta Elías en la Biblia es en el primer libro de los Reyes:

> Ahora bien, en esa ocasión Elías, de Tisbé, Galaad, fue a decirle a Acab: "Tan cierto como que vive el Señor, Dios de Israel, a quien yo sirvo, te aseguro que no habrá rocío ni lluvia en los próximos años, hasta que yo lo ordene".
>
> —1 REYES 17:1

La primera tarea de Elías tuvo que ver con juicio. En una tierra consumida por la idolatría y la iniquidad, se le encomendó la labor de decretar el juicio de Dios. Elías avisó que habría una sequía en la tierra, lo cual sucedió al pie de la letra. Debido a que el pueblo de Israel tenía que cultivar su propia comida, una sequía no solo significaba que no podías regar tu césped. Eso implicaba que tus cultivos no crecerían. Que no habría grano que cosechar, ni uvas ni aceitunas que recoger. Significaba que tu ganado moriría por falta de agua y alimento. En una palabra, significaba hambruna. Sufrimiento. Significaba muerte. Pero lo curioso es que Elías también vivía en esa tierra. La sequía no solo traería sufrimiento a los idólatras, sino también a Elías y a cualquier otro que, incluso, siguiera al único Dios verdadero.

Cuando eres profeta de Dios y él te dice que decretes un juicio sobre la región específica donde resides, debes estar preparado para sufrir también.

Dios le dio a Elías un juicio poderoso para Israel: que no caería lluvia en su tierra y que sufrirían sequía y hambruna porque se negaron a adorar a Dios y adoraron a los ídolos de Baal y Asera en vez de a él. Elías se dio cuenta de esa verdad de inmediato: no puedes separarte de las profecías que Dios te ordena entregar. Sin embargo, Elías también descubrió que el Señor lo escondería y lo protegería en esos tiempos de sufrimiento.

Oculto con Dios

Cuando comenzó la sequía, ya el Señor tenía un plan para Elías.

> Entonces la palabra del Señor vino a Elías y le dio este mensaje: "Sal de aquí hacia el oriente y escóndete en el arroyo de Quería, al este del Jordán. Beberás agua del arroyo y yo ordenaré a los cuervos que te den de comer allí". Así que Elías se fue al arroyo de Querit, al este del Jordán, y allí permaneció, conforme a la palabra del Señor. Por la mañana y por la tarde los cuervos le llevaban pan y carne, y bebía agua del arroyo.
>
> —1 Reyes 17:2-6

Todavía no era tiempo de que Elías confrontara a Acab, así que el Señor lo escondió. Lo envió a un lugar seguro y proveyó sus necesidades. También fue una oportunidad para que Elías pasara tiempo con el Señor y desarrollara una relación aún más estrecha con él. Fue un tiempo de espera para Elías.

A todos nos llegan esos tiempos. Pero si somos sabios, los aprovecharemos muy bien. En esos tiempos, debemos seguir creciendo y sirviendo al Señor. El tiempo de espera nos hace fuertes.

Isaías 40:31 (RVR1960) dice: "Pero los que esperan a Jehová tendrán nuevas fuerzas; levantarán alas como las águilas, correrán y no se cansarán, caminarán y no se fatigarán". La palabra traducida como "esperar" significa unir, pero en el sentido en que se retuercen los hilos de una cuerda. El momento en que estás esperando, es para que estés unido con el Señor, porque él es la fuente de tu fortaleza. Cuando pases tu tiempo de espera buscando al Señor, él te dará la fuerza sobrenatural que necesitas al llegar el momento de salir y caminar en la plenitud del espíritu y la unción de Elías. En ese tiempo de espera, el Señor te dirige y te capacita para que entiendas y cumplas tu propósito. Durante ese tiempo en el arroyo de Querit, él elimina cualquier perspectiva y percepción humana. Aquí es donde Dios te infunde sus emociones y donde nace el celo por él. Los Elías de hoy enfrentarán la injusticia y la adoración de ídolos porque amarán lo que Dios ama y odiarán lo que él odia.

El Señor envió a Elías a un arroyo, una fuente de agua. Cuando estamos en medio de un tiempo de espera, necesitamos agua. Debemos refrescarnos. La Palabra dice: "para que vengan de la presencia del Señor tiempos de refrigerio" (Hechos 3:19). Necesitamos que nuestra sed del Señor y su justicia sea saciada. Y el Señor prometió: "Bienaventurados los que tienen hambre y sed de justicia, porque ellos serán saciados" (Mateo 5:6).

Nosotros también necesitamos ser limpiados. El Salmo 51:7 dice: "Purifícame con hisopo, y seré limpio; Lávame y seré más blanco que la nieve". La Palabra de Dios es la que nos lava y limpia en los tiempos de espera:

> Esposos, amen a sus esposas, así como Cristo amó a la iglesia y se entregó por ella para hacerla santa. Él la purificó, lavándola con agua mediante la palabra, para presentársela a sí mismo como una iglesia radiante, sin mancha ni arruga ni ninguna otra imperfección, sino santa e intachable.
>
> —Efesios 5:25-27

Cuando estás en una temporada de espera, un tiempo en que estás escondido con Dios, necesitas dedicarte a leer la Palabra, dejar que te hable, te cambie, te anime, te fortalezca y te prepare.

Hay algo interesante en la palabra hebrea que significa *arroyo*. La palabra en sí, *naḥal*, significa exactamente lo que cabría esperar: arroyo, afluente o río. Se podría esperar que la raíz de la palabra tuviera algo que ver con agua, pero no es así. La raíz de la palabra es *nāḥal*, que significa legar o hacer heredar. Cuando somos intencionales y serios en nuestra búsqueda del Señor, cuando nuestras vidas están escondidas en él, cuando esperamos pacientemente y somos transformados por su Palabra y la obra del Espíritu Santo, estamos participando de nuestra herencia espiritual. Hechos 20:32 dice: "Ahora los encomiendo a Dios y al mensaje de su gracia, mensaje que tiene poder para edificarlos y darles herencia entre todos los santificados". Efesios 1:17-21 dice:

> Pido que el Dios de nuestro Señor Jesucristo, el Padre glorioso, les dé el Espíritu de sabiduría y de revelación, para que lo conozcan mejor. Pido también que les sean iluminados los ojos del corazón para que sepan a qué esperanza él los ha llamado, cuál es la riqueza de su gloriosa herencia entre pueblo santo, y cuán incomparable es la grandeza de su poder a favor de los que creemos. Ese poder es la fuerza grandiosa y eficaz que Dios ejerció en Cristo cuando lo resucitó de entre los muertos y lo sentó a su derecha en las regiones celestiales, muy por encima de todo gobierno y autoridad, poder y dominio, y de cualquier otro nombre que se invoque, no solo en este mundo, sino también en el venidero.

Nuestra herencia espiritual en el Señor está arraigada en la Palabra. La Palabra de Dios nos fortalece, nos anima y nos edifica. Nos santifica y nos transforma. Nos da sabiduría, revelación, conocimiento y comprensión de que necesitamos caminar en el espíritu y en la unción de Elías. Nos da una vista previa del poder que tendremos a nuestra disposición cuando llegue el momento de nuestro enfrentamiento en el monte Carmelo o de operar bajo milagros, señales y prodigios. Nos recuerda que Dios es más grande que cualquier principado o potestad que pueda venir contra nosotros mientras caminemos en la plenitud del plan de Dios para nuestras vidas. Todos estos son conceptos clave en los que necesitas meditar durante tu tiempo de espera, tu tiempo de estar escondido con el Señor. Es un tiempo para que el Señor te equipe para lo que viene.

El Señor no envió a Elías a cualquier riachuelo. Lo envió específicamente al arroyo de Querit. La palabra hebrea para Querit es *kərît*, que significa cortar. Eso quiere decir que nuestro tiempo de estar escondidos con el Señor es para que seamos transformados. Es para que el Señor elimine las cosas que nos perturban o se interponen en la forma en que él quiere usarnos. Es un tiempo para que seamos transformados, para que el Señor nos cambie de adentro hacia afuera. Esto es especialmente importante para aquellos que caminan en el espíritu y la unción de Elías. Es muy fácil para nosotros caer en la trampa de conformarnos a las costumbres del mundo, aceptar la corrección política y ceder al miedo al hombre. Pero la Palabra dice: "No se amolden al mundo actual, sino sean transformados mediante la renovación de su mente. Así podrán comprobar cómo es la voluntad de Dios: buena, agradable y perfecta" (Romanos 12:2). El arroyo de Querit es un lugar renovador y refrescante. Es un escenario de cambio.

Considera también que cuando Elías fue al arroyo de Querit, eso fue un acto de obediencia. El hecho de que Dios te haya dado un don, un llamado, una tarea y un mensaje no significa que haya llegado el momento de actuar en consecuencia. Para caminar en el espíritu y el poder de Elías, es necesario obedecer la voz del Señor. No puedes dejar que el orgullo se interponga en tu camino. Jesús dijo: "Ustedes son mis amigos si hacen lo que yo les mando" (Juan 15:14). Si el Señor te dice que te escondas y esperes, debes esconderte y esperar. Y cuando te diga que es hora de irte, debes irte. La obediencia a la palabra del Señor es fundamental para Elías.

La temporada de espera y oración en el arroyo de Querit mantuvo a Elías conectado con el corazón de Dios. Cuando Elías habló por primera vez con Acab, describió al Señor como aquel "ante quien estoy" (1 Reyes 17:1). Elías estaba declarando audazmente tanto su lealtad como la autoridad del reino que representaba. Dios usa este tiempo de separación para purificar tu corazón y tus motivaciones. Elías ya había pasado tiempo en la presencia del Señor y se lo declaró con valentía a Acab. Pero necesitaba más tiempo en la presencia de Dios. No hay sustituto para el tiempo con el Señor. En su presencia hay plenitud de gozo (Salmos 16:11). Su presencia salva (Isaías 63:9). Refresca (Hechos 3:19). Mueve montañas (Salmos 68:8, 97:5; Isaías 64:3).

El tiempo que Elías pasó en la presencia del Señor en el arroyo de Querit fue parte de su proceso de crecimiento. Estaba aprendiendo a depender del Señor para satisfacer sus necesidades físicas y espirituales. También estaba desarrollando el espíritu de intercesión y el manto de oración, fundamentales para la unción de Elías. Recuerda, Elías oró para que no lloviera, y eso es exactamente lo que sucedió.

> Por eso, confiésense unos a otros sus pecados y oren unos por otros, para que sean sanados. La oración del justo es poderosa y eficaz. Elías era un hombre con debilidades como las nuestras. Con fervor oró que no lloviera y no llovió sobre la tierra durante tres años y medio. Volvió a orar, y el cielo dio su lluvia y la tierra produjo sus frutos
>
> —Santiago 5:16-18

Cuando el Señor te esconda durante un tiempo de espera, no te desanimes. Aprovéchalo para pasar tiempo en su presencia. Únete a él. Refréscate, renuévate, límpiate, transfórmate, cambia, aliéntate y empodérate. Profundiza en su Palabra: léela, medita en ella, ora al Señor, escríbela en tu corazón e introdúcela en tu espíritu. Desarrolla el espíritu de intercesión y haz oraciones eficaces y fervientes. Todo es parte de prepararte para caminar en el espíritu y la unción de Elías.

Ocultarte con Dios casi siempre se ve como un espacio de intimidad y encuentro, en el que las personas sienten la presencia de Dios, reciben revelación y profundizan su confianza en él. Puede ser un tiempo de refinamiento espiritual, en el que Dios opera en los lugares ocultos de nuestro corazón, purificando nuestros motivos, alineando nuestros deseos con los suyos y preparándonos para los siguientes pasos en nuestro trayecto.

Provisión no convencional

Cuando Elías estuvo escondido en el arroyo de Querit, el Señor proveyó para él. 1 Reyes 17:6 (RVR1960) nos dice: "Los cuervos le traían pan y carne por la mañana, y pan y carne por la tarde; y bebió del arroyo". Elías tuvo provisión sobrenatural.

Sin embargo, la provisión sobrenatural también fue poco convencional. Los cuervos junto al arroyo que alimentaron a Elías representan el método poco convencional de Dios para proveer a sus profetas Elías. La provisión de Dios no siempre se parece a lo que esperamos. Esto lo vemos muchas veces en la Palabra de Dios. Por ejemplo, cuando los hijos de Israel vagaban por el desierto después del éxodo de Egipto, Dios los alimentó con maná. Maná, definitivamente, no era lo que esperaban. De hecho, la palabra hebrea para *maná* significa "¿Qué es?". No tenían idea de qué era el maná y no era lo que esperaban que Dios les proporcionara, pero era exactamente lo que necesitaban.

Dios decidió usar cuervos para proporcionar comida a Elías en el arroyo. Esa fue una decisión interesante porque los cuervos, junto con otras aves carroñeras, se encuentran entre las catalogadas como inmundas en la ley:

> Las siguientes aves ustedes las rechazarán y no las comerán, porque las considerarán animales inmundos: el águila, el quebrantahuesos, el buitre negro, toda clase de milanos y halcones, toda clase de cuervos, el avestruz, la lechuza, la gaviota, y toda clase de gavilán, el búho, el cormorán, el ibis, la lechuza nocturna, el búho del desierto, el águila pescadora, la cigüeña, toda clase de garzas, la abubilla y el murciélago.
>
> —Levítico 11:13-19

Elías, siendo alimentado por un pájaro considerado inmundo, me recuerda la visión de Pedro en una azotea en Jope:

Al día siguiente, mientras ellos iban de camino y se acercaban a la ciudad, Pedro subió a la azotea a orar. Era casi el mediodía. Sintió hambre y quiso algo de comer. Mientras le preparaban la comida, tuvo una visión. Vio el cielo abierto y algo parecido a una gran sábana que, suspendida por las cuatro puntas, descendía hacia la tierra. En ella había toda clase de cuadrúpedos, como también reptiles y aves.

—Levántate, Pedro, mata y come —le dijo una voz.

—¡De ninguna manera, Señor! —respondió Pedro—. Jamás he comido nada impuro o inmundo.

Por segunda vez le insistió la voz:

—Lo que Dios ha purificado, tú no lo llames impuro.

Esto sucedió tres veces y enseguida la sábana fue recogida al cielo.

—Hechos 10:9-16

Pedro se preguntó qué significaba su visión, pero le quedó claro cuando lo llamaron a visitar la casa de un gentil llamado Cornelio. Mientras Pedro hablaba con Cornelio al llegar, "entró y encontró a muchos que se habían reunido. Entonces él les dijo: 'Ustedes saben cuán ilícito es para un judío juntarse o ir a uno de otra nación. Pero Dios me ha mostrado que a ningún hombre debo llamar común o inmundo'" (Hechos 10:27-28 RVR1960).

Pedro usó dos adjetivos: *común* e *inmundo*. La palabra griega para *común*, *koinos*, significa común, contaminado, inmundo e impío, en el sentido de ser compartido por muchas personas. La palabra griega para inmundo, *akathartos*, significa sucio, infectado, impuro o incluso demoníaco (p. ej.: espíritus inmundos). Todas esas palabras resumen las opiniones que los judíos, incluso los seguidores de Jesús, a menudo tenían en cuanto a los gentiles.

Cornelio, aunque gentil, era un creyente devoto y temía al Señor. Además, tenía hambre de la Palabra del Señor, así como Pedro y Elías la sentían por la comida. Cuando Cornelio lo invitó, Pedro tuvo que enfrentar sus opciones: podía ceder ante los prejuicios, ante la tradición religiosa y negarse a ir; o podía seguir la instrucción del Señor, dejar a un lado sus nociones preconcebidas y compartir la verdad con quien lo había convocado.

Los Elías de hoy tienen las mismas opciones. A menudo tenemos prejuicios y tradiciones tan arraigados que pensamos que debemos estar equivocados si Dios nos envía a tratar con alguien que no cumple con nuestras preconcepciones sobre el tipo de personas a las que debemos predicar, profetizar, decir la verdad, ministrar o servir. Cuando hablamos de prejuicios, con frecuencia, pensamos en cosas como el racismo y el sexismo; cosas que definitivamente deben ser desarraigadas de los corazones de aquellos que quieren andar en el espíritu y la unción de Elías. Pero hay otras preconcepciones, algunas arraigadas a la tradición religiosa y otras afincadas en las actitudes que hemos permitido en nuestros propios corazones.

Como Elías, debemos estar conectados con el corazón del Señor, y el Señor "no quiere que nadie perezca, sino que todos se arrepientan" (2 Pedro 3:9). No podemos permitir que ningún prejuicio, obsesión, tradición o noción preconcebida se interponga en nuestro camino. Algunas personas pueden dudar en ministrar a un indigente debido a su condición física. Otras pueden dudar en profetizarle a un millonario porque se sienten intimidadas por la riqueza de ese elemento. Otros individuos pueden dudar en decirle la verdad a alguien debido al color de su piel. Es posible que algunos, incluso, no quieran molestarse con personas de determinadas denominaciones. Es probable que aun otros no deseen ministrar a las prostitutas, los drogadictos, los agentes del orden, las personas mayores, a los que padecen discapacidades mentales y físicas, etc., etc., etc. La lista es larga e interminable.

Sin embargo, cuando Dios te llama, ese llamado no tiene que ver con lo que te haga sentir cómodo. Ni con lo que crees habitual. No se trata de lo que conoces. Se trata de la sintonía que debes tener con el Espíritu Santo y con la manera en que sigues su ejemplo. Tiene que ver con no juzgar si alguien es digno o está dispuesto a escuchar la palabra del Señor.

Con obedecer al Señor y alcanzar al perdido, quienquiera que sea esa persona para ti. Para andar en el espíritu, el poder y la unción de Elías, es necesario e importante seguir al Señor a dondequiera que te lleve, aun cuando eso signifique salirte de los límites de lo que es normal para ti.

La voz de Uno

El tiempo que Elías pasó en el arroyo de Querit fue como las experiencias en el desierto, las cuales aparecen constantemente en las Escrituras como parte del desarrollo de un siervo de Dios. Después que Moisés asesinó al egipcio, huyó a Madián y pasó unos cuarenta años en el desierto cuidando las ovejas de su suegro antes de que el Señor se le apareciera en la zarza ardiente y lo llamara para liberar a los israelitas de la esclavitud en Egipto. Después de ser bautizado, Jesús estuvo en el desierto durante cuarenta días siendo tentado por el diablo.

Juan el Bautista, que vino en el espíritu y la unción de Elías como precursor de la primera venida de Jesucristo, también tuvo una experiencia en el desierto. Es más, toda su vida fue prácticamente una experiencia en ese desolado ambiente. Lucas 1:80 dice: "El niño [Juan] crecía y se fortalecía en espíritu; y vivió en el desierto hasta el día en que se presentó públicamente al pueblo de Israel".

Los hombres de la tribu sacerdotal de Leví no comenzaban su ministerio hasta los treinta años, por lo que Juan pasó ese tiempo concreto en el desierto, desde que era un bebé hasta que comenzó su ministerio. Pero esos treinta años fueron cruciales para su desarrollo espiritual. Su tiempo en el desierto lo "fortalecía en espíritu". La palabra griega traducida "fortalecía" es *krataioō*, que significa aumentar la fuerza o empoderar.

Andar en el espíritu y la unción de Elías no es una tarea fácil. Enfrentarás oposición, tanto natural como espiritual. Por tanto, necesitas recibir el poder del Espíritu Santo a fin de que te prepare para los tiempos contrarios, adversos, los tiempos de prueba, de lucha. La fortaleza de espíritu fue vital para Elías. Él tuvo que enfrentarse a Acab, Jezabel y cientos de falsos profetas. Por otra parte, Juan el Bautista tuvo que enfrentarse a Herodes, Herodías y cientos de fariseos y saduceos. De modo que cuando camines en el espíritu y el poder de Elías, tú también tendrás que enfrentarte a personas con autoridad y líderes religiosos que no conocen al Señor.

El tiempo en el desierto también te enseña sobre la sencillez y las cosas que, realmente, son importantes. Juan el Bautista "estaba vestido de pelo de camello, y tenía un cinto de cuero alrededor de sus lomos; y su comida era langostas y miel silvestre" (Mateo 3:4). La ropa de Juan era sencilla, lo que —en realidad— hace que evoquemos la vestimenta de Elías: "Y ellos le respondieron: Un varón que tenía vestido de pelo, y ceñía sus lomos con un cinturón de cuero. Entonces él dijo: 'Es Elías tisbita'" (2 Reyes 1:8, RVR1960). La comida de Juan también era muy sencilla. Sin embargo, aunque no vestía ropa elegante ni comía alimentos elegantes, cumplió su tarea. Fue capaz de prepararle el camino al Señor. La gente acudía en masa al desierto para escucharlo predicar.

Juan el Bautista no suavizaba su mensaje ni lo adaptaba a su audiencia. Nunca intentó hablar ni ser políticamente correcto. No era tolerante. No trataba de ser relevante. Predicaba con suma claridad: "Arrepiéntanse, porque el reino de los cielos está cerca" (Mateo 3:2). Y aunque su mensaje fue audaz y contundente, Mateo 3:5-6 dice: "Acudía a él la gente de Jerusalén, de toda Judea y de toda la región del Jordán. Cuando confesaban sus pecados, él los bautizaba en el río Jordán".

Personas de toda una provincia iban al desierto para escuchar predicar a Juan el Bautista. No es que, simplemente, subieran a sus autos y los condujeran (porque, en realidad, no existían esos vehículos). La abrumadora mayoría de ellos tuvo que caminar kilómetros para llegar al lugar donde Juan estaba predicando. Pero, con todo y eso, fueron. Y la Biblia es clara en que no acudieron porque Juan estuviera vestido con ropa elegante: "Qué salieron a ver? ¿A un hombre vestido con ropa fina? Claro que no, pues los que usan ropa de lujo están en los palacios de los reyes. Entonces, ¿qué salieron a ver? ¿A un profeta? Sí, les digo, y más que profeta" (Mateo 11:8-9). El pueblo fue al desierto porque reconocieron que Juan era profeta y que hablaba la verdad. Lo demás no importaba.

Por eso los Elías de hoy necesitan aprender —en el desierto— acerca de la sencillez. Las cosas exteriores (buenas, malas o intermedias) no importan. Es la verdad lo que cuenta.

En el desierto, además, es donde encuentras tu voz. Tienes que ir al desierto para encontrarla. Necesitas un tiempo a solas con el Señor. Necesitas que él te prepare, te cambie, te transforme, que elimine la basura que te pesa y te detiene. Así como el agua es de vital importancia cuando estás físicamente en el desierto, el agua viva —que solo Jesús puede proporcionarte— es crucial en el tiempo que pasas en el desierto espiritual. Necesitas ser lavado por el agua de la Palabra, santificado y limpiado, y apartado en santidad para tu tarea.

Así que acoge el desierto como un lugar sagrado en el que Dios cultiva tu voz y te prepara para ser un mensajero de su verdad. Acepta el llamado especial que ha hecho a tu vida y da un paso adelante con confianza, consciente de que él te ha equipado con una voz que tendrá un impacto duradero.

El desierto también es el lugar donde aprendes a escuchar al Señor. Donde aprendes a discernir su mensaje, la palabra que él tiene para ti o la palabra que te da para que la prediques. Aquellos que tengan el espíritu y la unción de Elías deben aprender a escuchar lo que el Señor dice y no confiar en su propia sabiduría o el conocimiento adquirido. La profecía sobre Juan el Bautista en Isaías 40 dice: "Una voz dice: 'Proclama'". Pero la respuesta inmediata no fue que proclamara lo que quisiera ni lo que pensara que debía decirse. Su respuesta fue: "¿Y qué voy a proclamar?" (v. 6).

Cuando el Señor te dice que hables, debes asegurarte de decir lo que él quiere que digas. Para poder hacer eso, necesitas saber cómo escuchar su voz, conocer las palabras que el Espíritu Santo te está dando. Por eso debes pasar tiempo en el desierto. Necesitas la oportunidad de aprender a escuchar su voz con claridad y a distinguirla entre todas las demás que claman por tu atención. Cuando estás escondido en el desierto con el Señor, se elimina el ruido de fondo para que puedas sintonizar más fácilmente la voz del Señor y familiarizarte con ella, de manera que sepas cuándo está hablando.

Tu tiempo en la sequedad con el Señor es necesario para que te conviertas en la voz del que clama en el desierto:

Una voz proclama: "Preparen en el desierto un camino para el Señor; enderecen en el desierto   un sendero para nuestro Dios. Se levantarán todos los valles y se allanarán todas las montañas y colinas; el terreno escabroso se nivelará y se alisarán las quebradas. Entonces se revelará la gloria del Señor, y la verá toda la humanidad. El Señor mismo lo ha dicho".

—Isaías 40:3-5

A LA VANGUARDIA

Una de las razones por las que la fortaleza de espíritu es tan importante para el llamado de Elías es que vas a estar a la vanguardia, es decir, enfrentarás lo común y corriente, lo habitual, lo establecido. Como profeta, serás lo que tu generación necesita, pero te despreciarán. Al igual que Juan el Bautista, estarás a la vanguardia, de acuerdo.

Cuando el término vanguardia se aplica al espíritu y a la unción de Elías, se sugiere que el profeta actuó de una manera adelantada a su tiempo y que se destacó como pionero en su ministerio profético. Estuvo a la vanguardia del enfrentamiento con las cuestiones espirituales y morales de su época, desafiando las normas e ideologías predominantes. El ministerio de Elías mostró audacia, valor y voluntad de arriesgarse en obediencia al llamado de Dios. Se enfrentó a la idolatría, los falsos profetas y la maldad imperante en su tiempo, proclamando sin miedo la verdad de Dios y mostrando el poder divino a través de señales y prodigios portentosos.

El espíritu y la unción de Elías encarnan un enfoque pionero y transformador del ministerio. Este llamado se destaca como ejemplo del que está a la vanguardia de la percepción, el discernimiento y la acción en cuanto a lo profético. Desafía el *statu quo*, altera la complacencia y exige un cambio radical.

Así como el ministerio de Elías estuvo marcado por una unción profética de vanguardia, los profetas de hoy pueden tratar de operar con el mismo espíritu. Al ser sensibles al Espíritu Santo, abrazar la audacia y la innovación, y permanecer cimentados en la Palabra de Dios, pueden tener un impacto vanguardista en su generación, enfrentando los desafíos espirituales y los problemas culturales de la era actual.

Los Elías no se andan con rodeos. Están llamados a hacer que los corazones de las personas se tornen al Señor, pero no puedes volverte al Señor a menos que te arrepientas. Predicar el arrepentimiento te hace muy impopular entre las personas que no quieren arrepentirse o piensan que no tienen necesidad de ello. A los que han redefinido la verdad, para excusar sus acciones, no les agrada que los llamen al arrepentimiento.

Eso es lo que pasó con Jezabel; cuando descubrió que Elías había ejecutado a todos sus falsos profetas, lo quería muerto. De modo que le envió un mensajero, diciéndole: "¡Que los dioses me castiguen sin piedad si mañana a esta hora no te he quitado la vida como tú se la quitaste a ellos!" (1 Reyes 19:2).

Eso es también lo que pasó con Juan el Bautista. Reprendió a Herodes por muchas cosas, incluso por casarse con Herodías, la esposa de su hermano. Herodías tuvo que divorciarse de Felipe, el hermano de Herodes, para casarse con Herodes, lo que era una clara violación de la ley. A Herodías no le gustó la reprimenda porque también señalaba su pecado. Así que quiso la cabeza de Juan el Bautista en una bandeja y eso es exactamente lo que obtuvo. Aunque Herodes ordenó que arrestaran a Juan y lo encarcelaran, temía matarlo porque el pueblo sabía que Juan era profeta. Sin embargo, Herodías conspiró y se confabuló, de forma que —cuando se presentó la oportunidad— obligó a Herodes. Juan el Bautista fue decapitado y su cabeza fue llevada en una bandeja a la hija de Herodías, que a su vez se la dio a su madre.

Cuando andas en el espíritu y la unción de Elías, tu cuello puede estar pendiendo en el filo de una espada, por así decirlo. Lo que digas en cuanto a la justicia y el arrepentimiento en referencia a ídolos como el dinero, el poder y el control no te hará ganar el favor de aquellos que se benefician de esos ídolos. Los poderosos e influyentes estarán listos para cortarte la cabeza, tal como lo hicieron con Juan el Bautista. Pero aunque eso pase, debes decir la verdad. Aún necesitas cumplir con tu tarea. Por eso es importante estar arraigados y cimentados en la Palabra. Por eso es trascendental reconocer la voz del Señor. Por eso es importantísimo estar lleno de su justicia. Ser fuerte de espíritu. Pasar tiempo escondido con el Señor en el desierto.

Tanto Elías como Juan el Bautista enfrentaron una oposición significativa, amenazas a sus vidas y persecución por sus ministerios proféticos. Sin embargo, su firmeza, fidelidad al llamado de Dios y compromiso inquebrantable con la verdad dejaron una huella indeleble en la historia y continúan inspirando a los creyentes de hoy. Es importante reconocer y anticipar estos desafíos potenciales y desarrollar resiliencia y perseverancia para superar la reacción. Mantenerte arraigado a tus convicciones, buscar consejos sabios y adoptar una mentalidad de crecimiento puede ayudarte a vencer los obstáculos y seguir logrando avances significativos en la vanguardia.

Capítulo 4

La unción

*E*LÍAS TENÍA UNA cualidad especial: se movía por la unción del Espíritu Santo. Esa unción le dio poder para entrar en la dimensión del espíritu y obtener un mandato profético para una nación. La unción es lo que impulsa a los profetas Elías de la actualidad, por lo tanto, deben cultivarla y avivarla mientras llevan a efecto las instrucciones de Dios.

¿QUÉ ES LA UNCIÓN?

La palabra *unción* no es un término que escuchemos muy a menudo. El diccionario define *unción* como "el acto de ungir como un rito de consagración o curación… fervor espiritual o la expresión de tal fervor". La palabra *unción* aparece veintisiete veces en la Biblia versión Reina-Valera 1960:

> Todos ustedes, en cambio, han recibido unción del Santo, de manera que conocen la verdad.
>
> —1 JUAN 2:20

La palabra griega traducida como "unción" es *chrisma*. Esto quiere decir ungüento o bálsamo, algo que se unta. También significa unción. De hecho, hay traducciones de la Biblia que usan la palabra *don* —y algunas señalan implícitamente impartición o recepción— en lugar de *unción*. Chrisma se usa en otro versículo del Nuevo Testamento:

> En cuanto a ustedes, tienen el Espíritu como un *don* que recibieron de Cristo. Ese *don* vive en ustedes y por eso no necesitan que nadie les enseñe. Ese *don* les enseña todo porque es verdad y no mentira. Ustedes permanezcan en Cristo, así como ese *don* les enseñó.
>
> —1 Juan 2:27 PDT, énfasis añadido.

Chrisma proviene de la palabra griega *chriō*, que significa untar o frotar con aceite, consagrar, ungir. Se usa en la traducción griega de la profecía de Isaías 61, la cual Jesús leyó en voz alta en la sinagoga de Nazaret, y que luego declaró que se había cumplido:

> El Espíritu del Señor está sobre mí, por cuanto me ha ungido para anunciar buenas noticias a los pobres. Me ha enviado a proclamar libertad a los cautivos y dar vista a los ciegos, a poner en libertad a los oprimidos, a pregonar el año del favor del Señor.
>
> —Lucas 4:18-19

La palabra también se usa en versículos como 2 Corintios 1:21 (RVR1960): "Y el que nos confirma con vosotros en Cristo, y el que nos ungió, es Dios".

La palabra hebrea comparable para *unción* o *ungimiento* es *māšḥâ*. Se refiere al aceite sagrado usado para ungir a Aarón y a los demás sacerdotes que servían en el tabernáculo o templo del Señor. Proviene de la raíz de la palabra *māšaḥ*, que significa frotar con aceite o ungir. Y tanto *chriō* como *māšaḥ* son raíces de la palabra Mesías, que significa ungido.

Por tanto, la unción es el ungimiento del Espíritu Santo. Cuando este mora en nosotros, si estamos en sintonía con su voz, nos enseñará, nos dirigirá, nos guiará, nos dará palabras para trasmitir, nos mostrará cosas que hacer. Él nos hace caminar en la verdad. Si acaso te desvías "a la derecha o a la izquierda, tus oídos percibirán a tus espaldas una voz que te dirá: 'Este es el camino; síguelo'" (Isaías 30:21), esa es la voz del Espíritu Santo.

Con el Espíritu Santo al mando

La unción, en sí misma, consiste en la instrucción del Espíritu Santo. Esa unción te llevará hacia algo o te alejará de ello. Dirigirá tus caminos. Pero para ser guiado por el Espíritu Santo y sentir su unción trabajando en tu vida, debes tener una relación personal con él.

Esa relación personal promueve la confianza en el Señor. Si no tienes esta confianza, cuando llegue el momento de dar un paso de fe y tengas que hacer algo que te parezca una locura —o que desafíe lo que tu mente te dice que hagas— dudarás, cuestionarás, retrasarás y es posible que no hagas tal cosa. Proverbios 3:5-6 dice: "Confía en el Señor de todo corazón y no te apoyes en tu propia inteligencia. Reconócelo en todos tus caminos y él enderezará tus sendas". Los Elías de hoy necesitan tener al Espíritu Santo al mando, razón por la cual la confianza es fundamental para ellos. Es difícil confiar en alguien que no conoces. Por eso tu tiempo en el desierto es tan vital. Debes desarrollar una relación íntima con el Espíritu Santo.

La relación íntima con el Espíritu Santo activa tu sensibilidad al Espíritu y a las cosas que suceden en el mundo espiritual. Esto también es esencial para los que andan en el espíritu y la unción de Elías. Como profetas llamados a predicar arrepentimiento y a instar a la gente a volver sus corazones al Señor, es demasiado fácil para los Elías de hoy olvidar contra quién realmente pelean. Por eso, Efesios 6:12 nos recuerda: "Porque nuestra lucha no es contra seres humanos, sino contra poderes, contra autoridades, contra potestades que dominan este mundo de tinieblas, contra fuerzas espirituales malignas en las regiones celestiales".

De modo que cuando vayamos contra las fuerzas de las tinieblas, predicando la verdad de la Palabra de Dios con claridad y audacia, habrá una batalla. Y muchas veces Satanás usará seres humanos para librar una guerra total contra nosotros. Pero debemos recordar que nuestra batalla nunca es contra seres humanos. Nuestra batalla es contra los poderes demoníacos que están detrás de las palabras y las acciones de los seres humanos. Nuestra batalla es contra Satanás y sus huestes espirituales de maldad. Contra ellos es que estamos llamados a luchar. Y siempre debemos recordar algo vital en cada escaramuza, cada batalla, cada guerra total: "la batalla es del Señor" (1 Samuel 17:47).

La unción tiene que ver con ser guiado por el Santo y dejar que te guíe en la dirección correcta, acelerándote hacia la próxima temporada en el momento adecuado o pisando el freno si la situación lo amerita. Se trata también de escuchar lo que el Espíritu Santo te está hablando. Jesús dijo: "Cuando venga el Espíritu de la verdad, él los guiará a toda la verdad, porque no hablará por su propia cuenta, sino que dirá solo lo que oiga y les anunciará las cosas por venir" (Juan 16:13). El Espíritu Santo es quien nos guiará, nos dirigirá y nos dará palabras de verdad para hablar.

En efecto, cuando la unción del Espíritu Santo nos cubre, muchas veces recibimos las palabras que él quiere que pronunciemos en el acto. Pero insisto, para que eso suceda, debes tener una relación personal con el Espíritu Santo. Necesitamos la valentía que proviene del Espíritu Santo. Las palabras que pronunciamos como Elías no son preconcebidas. No provienen de nuestras agendas personales. Vienen directamente del corazón de Dios.

Por eso la experiencia en el desierto es tan importante. Necesitas ese tiempo oculto con el Señor. Necesitas tiempo para refrescarte, para crecer espiritualmente, para deleitarte y ser lavado por el agua de la Palabra, para aprender a escuchar la voz del Espíritu y desarrollar tu propia voz. Necesitas despojarte de todo y morir a ti mismo para tener la unción del Espíritu Santo.

LOS OBSTÁCULOS

Hay cosas que pueden perturbar la unción del Espíritu Santo e impedirnos cumplir con nuestras asignaciones. A esos tropiezos los llamo proféticos. Como dije en mi libro *The Prophetic Advantage* [La ventaja profética]:

La precisión es importante para el ministerio del profeta. La exactitud se define como la calidad o el estado de ser correcto o preciso. Hay cosas que pueden obstaculizar y bloquear la precisión, como los prejuicios, las ideas erróneas, las obsesiones doctrinales, los puntos de vista sectarios, la amargura, el rechazo y la lujuria.[1]

Hablamos de los prejuicios en el capítulo anterior y, si estás luchando en ese área —definitivamente— necesitas arrepentirte. Pero también existen otros obstáculos. Mezclar tus propias opiniones y puntos de vista con la verdad de lo que el Señor está diciendo es algo muy importante para los Elías actuales. Recuerda, los pensamientos de Dios son más altos que los tuyos y sus caminos son más altos que los tuyos (Isaías 55:8-9). No seas dogmático ni de mente cerrada en cuanto a las revelaciones que el Señor te está dando. Si Dios comienza a hablarte algo nuevo, mantente receptivo a ello. Mantente atento a su voz, no a los pensamientos e inclinaciones de tu propio corazón y tu mente.

El temor al hombre es otro posible obstáculo para caminar en el espíritu y la unción de Elías. Elías pudo haber decidido ceder ante el temor a Acab y a Jezabel. Juan el Bautista pudo haber elegido ceder al miedo ante Herodes y Herodías o al miedo a los fariseos. Y los profetas Elías de hoy podrían optar por ceder ante el temor de quienquiera que el enemigo envíe contra ellos. Pero la Palabra de Dios dice que "Temer a los hombres resulta una trampa" (Proverbios 29:25). El miedo al hombre es una trampa, así que no caigas en ella. El temor del Señor, por el contrario, es cualquier cosa menos trampa. La Palabra dice:

> El Señor brinda su amistad a quienes le temen y les da a conocer su pacto.
>
> —Salmos 25:14

> Bendecirá a los que temen al Señor, bendice a grandes y pequeños.
>
> —Salmos 115:13

El comienzo de la sabiduría es el temor del Señor; conocer al Santo es tener entendimiento.

—Proverbios 9:10

El temor del Señor e un baluarte seguro que sirve de refugio a los hijos.

—Proverbios 14:26

El temor del Señor es fuente de vida y libera de los lazos de la muerte.

—Proverbios 14:27

El temor del Señor conduce a la vida; da un sueño tranquilo y evita los problemas.

—Proverbios 19:23

Vencemos el miedo al hombre con el temor del Señor. Superamos el miedo al hombre con la fe. Subyugamos el miedo al hombre con amor, porque "el perfecto amor echa fuera el temor" (1 Juan 4:18).

Otro obstáculo común es el respeto a las personas. Cuando el apóstol Pedro predicó en la casa de Cornelio, dijo: "Ahora comprendo que en realidad para Dios no hay favoritismos". Otras traducciones dicen: "En verdad comprendo que Dios no hace acepción de personas" (Hechos 10:34 RVR1960). El respeto a las personas es, a menudo, un espíritu religioso que hace que el cristiano trate de limitar su ministerio a una determinada denominación o grupo de individuos. El respeto a las personas también puede tener sus raíces en los prejuicios. Pero independientemente de su origen, es una piedra de tropiezo para los Elías que profetizan hoy. Santiago 2:9 dice: "Pero si muestran algún favoritismo, pecan y son culpables, pues la misma ley los acusa de ser transgresores". Así que para andar en el espíritu y la unción de Elías, debes proclamar la voluntad de Dios sin parcialidad.

La compasión humana (tener piedad por algo que Dios está juzgando) es otro posible obstáculo para los Elías actuales. No puedes permitir que la compasión humana afecte tu flujo profético. Ministrar corrección a las personas que amas es difícil, pero estás llamado a obedecer al Espíritu. Eres llamado a caminar en el Espíritu. Cuando el Espíritu Santo te impulsa a hablar y no lo haces por compasión mal enfocada es, en realidad, falta de amor. Profetizar la verdad trae liberación al oyente. No dejes a alguien que te importa encadenado al pecado por lo que crees que es compasión. Jesús quiere que caminen en libertad. Así que proclama libertad a los cautivos.

Pasar tiempo con el Señor en el desierto te ayudará a superar cualquier obstáculo que enfrentes. Para enfrentar los obstáculos, primero debes desear la verdad en tu interior:

Yo sé que tú amas la verdad en lo íntimo; en lo secreto me has enseñado sabiduría.

—Salmos 51:6

Necesitas desear la verdad real, la verdad del Señor que llega hasta lo más profundo de tu ser. No te dejes llevar por ningún tipo de engaño, especialmente el propio. Se necesita la misericordia y el poder del Espíritu Santo para romper con el engaño.

Luego, permite que el Espíritu Santo te examine el corazón:

Examíname, oh Dios, y conoce mi corazón; pruébame y conoce mis ansiedades. Fíjate si voy por un camino que te ofende y guíame por el camino eterno.

—Salmos 139:23-24

El Espíritu Santo es el Espíritu de verdad. Él te dará la sabiduría que requieres para erradicar cualquier problema de tu corazón que pueda hacerte tropezar. Cuando el Espíritu Santo te revele los defectos y fallas de tu corazón, sé humilde y sincero contigo mismo en lugar de tratar de justificar tus acciones y actitudes. Se necesita humildad y sinceridad para que se produzca la curación y la liberación.

El siguiente paso es arrepentirte de inmediato. Posponer tu respuesta a lo que el Espíritu Santo te ha mostrado solo te hará daño, ya que la demora puede conducir a la dureza de corazón e incluso a más engaño. Y recuerda que la obediencia tardía es desobediencia.

> ¡Vengan, volvámonos al Señor! Él nos ha despedazado, pero nos sanará; nos ha herido, pero nos vendará.
>
> —Oseas 6:1

> Yo reprendo y disciplino a todos los que amo. Por lo tanto, sé fervoroso y arrepiéntete.
>
> —Apocalipsis 3:19

El último paso es rasgar tu corazón. Rasgarse las vestiduras es una señal de dolor o desesperación que se practicaba a menudo en la Biblia y que todavía practican algunos judíos en la actualidad. Sin embargo, Dios no quiere un dolor que sea solo superficial. Él quiere ver un cambio en tu corazón. Por eso la Palabra dice:

> "Ahora bien", afirma el Señor, "vuélvanse a mí de todo corazón, con ayuno, llantos y lamentos". Rásguense el corazón y no las vestiduras. Vuélvanse al Señor su Dios, porque él es misericordioso y compasivo, lento para la ira y lleno de amor, cambia de parecer y no castiga.
>
> —Joel 2:12-13

Necesitas apartar tu corazón de cualquier cosa en tu vida que pueda ser un obstáculo para andar en el espíritu y la unción de Elías, de cualquier cosa que bloquee el fluir del Espíritu Santo. Si estás atrapado en patrones de pecado, será necesario rasgarte un poco para que seas liberado. Pero

Jesús quiere que vivas y camines en libertad. No quiere que te quedes atado a las cadenas de tu pecado. Afronta radicalmente tus problemas (todos tus complejos, contratiempos y dureza de corazón) ¡y sé liberado y libre!

¡AGÍTALO!

La unción viene del Espíritu Santo. No hay otra manera de conseguirlo. No puedes fabricarlo. No puedes fingir. No puedes comprarlo. No puedes conseguirlo si te levantas por tus propios medios. No puedes conseguirlo haciendo buenas obras. No puedes conseguirlo leyendo sobre ello, oyéndolo o hablando de ello. Tampoco puedes conseguirlo con fuerza o poder.

"No será por la fuerza ni por ningún poder, sino por mi Espíritu", dice el Señor de los Ejércitos.

—ZACARÍAS 4:6

La unción solo surge de una relación personal e íntima con el Espíritu Santo. No hay sustituto para ello. Ella surge cuando pasas tiempo en el desierto, en tu tiempo de espera. Después que Dios purifica y refina nuestro corazón es que comienza a darnos la unción. Cuando estés unido al Señor, él se convertirá en tu fuente para todo. Y esa cercanía, esa relación sólida, esa conexión con el Espíritu Santo es el fundamento firme que necesitas para caminar en el espíritu y la unción de Elías.

También creo que el Señor te da unción para cosas específicas que nadie más puede predicar excepto tú. El mensaje se convierte en tu marca distintiva. Estás diseñado, creado, equipado y llamado de manera especial para llevar un mensaje específico a esta generación, y creo que el Espíritu Santo te dará la unción para predicar ese mensaje. Eso no significa que no necesites estudiar y meditar en la Palabra, pasar tiempo en oración, buscar el rostro del Señor y prepararte para predicar. Necesitas hacer todas esas cosas, porque todas ellas son formas en que el Espíritu Santo te habla.

La unción del Espíritu Santo te llevará a pasajes específicos de las Escrituras. La unción te impulsará a inquirir y buscar al Señor en oración hasta que recibas una respuesta. Dios prometió que su Palabra nunca regresará a él vacía, sino que cumplirá aquello para lo que la envió (Isaías 55:11), por lo que el tiempo invertido en la Palabra nunca se pierde. Tampoco es un desperdicio pasar tiempo con el Señor. Cuanto más tiempo pases con él, más fácilmente reconocerás su voz, conocerás su instrucción, reconocerás su unción. Necesitas hacer el trabajo normal en cuanto a estudiar y leer sobre el mensaje que Dios está poniendo en tu corazón, pero también necesitas reconocer que la unción proviene del Espíritu Santo, no de ninguna de tus nociones preconcebidas.

Así que haz tu parte, pero luego mantente receptivo a lo que sea, a quien sea y a dondequiera que te lleve el Espíritu.

Orar en el Espíritu Santo es otra manera de edificarte: "Pero ustedes, queridos hermanos, edificándose sobre la base de su santísima fe y orando en el Espíritu Santo, manténganse en el amor de Dios, mientras esperan que nuestro Señor Jesucristo, en su misericordia, los lleve a vida eterna" (Judas 20-21).

Porque el Señor es el que agita tu espíritu y te imparte esa unción. Hay múltiples ejemplos de cómo el Señor despierta el espíritu de alguien en la Biblia:

> Por eso el Dios de Israel incitó contra ellos a Pul, es decir, a Tiglat Piléser, rey de Asiria. Este deportó a los rubenitas, los gaditas y a la media tribu de Manasés, llevándolos a Jalaj, Jabor, Hará y al río Gozán, donde permanecen hasta hoy.
>
> —1 Crónicas 5:26

> En el primer año del reinado de Ciro, rey de Persia, el Señor movió el espíritu del rey para que promulgara un decreto en todo su reino y así se cumpliera la palabra del Señor por medio del profeta Jeremías. Tanto oralmente como por escrito, el rey decretó lo siguiente: "Esto es lo que ordena Ciro, rey de Persia: El Señor, Dios del cielo, que me ha dado todos los reinos de la tierra, me ha encargado que le construya un templo en la ciudad

de Jerusalén, que está en Judá. Por tanto, cualquiera que pertenezca a Judá, que suba allá y que el Señor su Dios lo acompañe".

—2 Crónicas 36:22-23

Zorobabel, hijo de Salatiel, el sumo sacerdote Josué, hijo de Josadac, y todo el resto del pueblo obedecieron al Señor su Dios. Acataron las palabras del profeta Hageo, a quien el Señor su Dios había enviado. Y el pueblo sintió temor en la presencia del Señor. Entonces Hageo, su mensajero, comunicó este mensaje del Señor al pueblo: "Yo estoy con ustedes. Yo, el Señor, lo afirmo". Y el Señor inquietó el espíritu de Zorobabel, hijo de Salatiel, gobernador de Judá, y el del sumo sacerdote Josué, hijo de Josadac; también el espíritu del resto del pueblo. Así que vinieron y empezaron a trabajar en la casa de su Dios, el Señor de los Ejércitos.

—Hageo 1:12-14

Quiero que notes algunas cosas sobre estos ejemplos. En el primero de ellos, Dios despertó el espíritu de alguien para ejecutar juicio. Como Elías que eres, puede haber ocasiones en las que Dios te llame a ser una voz de juicio, no por odio ni por tu propio parecer de quién debe o no ser juzgado, sino más bien por el amor de Dios por un pueblo que se alejó de él. "Los juicios de Jehová son verdad, todos justos" (Salmos 19:9 RVR1960). Los juicios del Señor son para ayudar, no para dañar: "Tus juicios me ayuden" (Salmos 119:175 RVR1960). Ellos nos ayudan a aprender y a crecer: "Pues, cuando tus juicios llegan a la tierra, los habitantes del mundo aprenden lo que es justicia" (Isaías 26:9).

Si Dios te da la unción para pronunciar palabras de juicio, es para que el pueblo se arrepienta, se aparte de sus malos caminos y recupere una relación correcta con él. Es un acto de amor, que llama a los pródigos a regresar al Padre que los ama. Esto confirma la participación de Dios en los asuntos humanos y su capacidad para despertar e inspirar a las personas para un propósito específico.

El segundo ejemplo nos muestra que Dios despertó el espíritu de alguien que reconoció quién era su fuente. Ciro era el rey de un gran imperio, pero sabía quién lo colocó en esa posición y lo mantuvo allí. Sabía que el Señor era el que le había dado todo lo que tenía. Era un rey poderoso, pero reconoció humildemente la verdad. Aquellos que caminan en el espíritu y la unción de Elías deben hacer lo mismo.

El Señor es el que te hizo profeta. Él te dio un don bueno y maravilloso. Él es la fuente de ese don, la fuente de todo lo que tienes: todas tus bendiciones, toda tu sabiduría, todo tu poder, toda tu paz, toda tu alegría, todo tu todo. No cometas el error de dejar que el orgullo se interponga en tu camino. No caigas en la trampa de pensar que te ganaste tus dones o que eres mejor que los demás gracias a tus dones. Todo lo que tienes proviene del Señor, y solo él merece la gloria. Así que camina con humildad, sin importar a qué posición seas elevado mientras estés en esta tierra.

> Oh hombre, él te ha declarado lo que es bueno, y qué pide Jehová de ti: solamente hacer justicia, y amar misericordia, y humillarte ante tu Dios.
>
> —Miqueas 6:8 RVR1960

El tercer ejemplo es uno en el que el Señor despierta los espíritus de todo un grupo de personas. Pero observa lo que sucedió primero: "Zorobabel … el sacerdote Josué… y todo el resto del pueblo *obedecieron* al Señor su Dios" (Hageo 1:12, énfasis agregado). Ellos obedecieron. No te lo pierdas. Si quieres la unción del Espíritu Santo, si quieres que él te impulse a actuar o a hablar, comienza por obedecer. La obediencia conduce a la justicia (Romanos 6:16).

> Porque tú, Señor, bendices al justo; cual escudo lo rodeas con tu buena voluntad.
>
> —Salmos 5:12

No puedes ser una voz que llame a las personas a arrepentirse y apartarse de su injusticia si tú mismo estás andando en injusticia. Debes tener las manos limpias y el corazón puro. Y cada vez que estés en un lugar donde te sientas atrapado en el pecado nuevamente, o descubras oscuridad oculta en tu corazón, o te des cuenta de que tus manos no están limpias, vuelve al desierto. Escóndete con el Señor para que él pueda purificarte y refinarte una vez más. Luego ofrécele el sacrificio de la obediencia. Muéstrale que lo amas con tu disposición a obedecer su Palabra y a caminar en sus caminos.

El Espíritu Santo es el único que nos da la unción y también el que la suscita. Él despertará tu pasión, tu celo. Solo necesitas hacer tu parte para estar preparado.

Capítulo 5

De palabras y de hechos

*E*LÍAS FUE UN profeta tanto de palabra como de hechos. Tu función de profeta no tiene que ver solo con lo que dices, sino también con lo que haces. Como profeta Elías des este tiempo, tus palabras y tus acciones deben trabajar juntas para hacer crecer el reino de Dios, traer esperanza y sanación, volver los corazones al Padre celestial, mostrar la justicia y predicar la verdad.

El manto profético de Elías no era simplemente retórico. No, era acción, es decir, se internaba audazmente en lo sobrenatural y colaboraba con lo divino en formas extraordinarias. Caminaba en el poder de Dios como un conducto a través del cual surgían milagros y se desplegaba la transformación. Desde el momento en que habló a los cielos, ordenando que la lluvia cayera sobre la tierra seca, hasta el día en que resucitó al hijo de la viuda de las garras de la muerte, sus acciones estuvieron marcadas con una autoridad innegable.

En esta hora, mientras estamos en la encrucijada del destino, el llamado profético resuena en nuestros corazones. Somos llamados a ser una generación que hable con valentía, que pronuncie palabras que cambien el ambiente y sacudan los cimientos de la oscuridad. Nuestras lenguas, encendidas por el fuego del Espíritu Santo, deben declarar la voluntad de Dios, anunciando decretos divinos que traigan sus propósitos a la tierra.

El poder de las palabras

Como profeta, tus palabras son importantes. Tus palabras tienen poder. Los profetas son llamados a ser la voz del Señor en la tierra.

Elías expresó palabras de poder una y otra vez a lo largo de su ministerio. De hecho, la primera mención de Elías en la Biblia es cuando dijo: "Tan cierto como que vive el Señor, Dios de Israel, a quien yo sirvo, te aseguro que 'no habrá rocío ni lluvia en los próximos años', hasta que yo lo ordene" (1 Reyes 17:1). Elías, con la unción del Señor, pronunció una palabra que trajo sequía a la tierra de Israel. Y las mismas palabras que habló declararon que él sabía que serían sus palabras las que pondrían fin a dicha sequía cuando llegara el momento adecuado.

Como profeta, no puedes subestimar el poder de tus palabras. Dios habló y el mundo, junto con todo lo que apareció en él, llegó a existir por medio de la Palabra hablada. La Biblia dice: "La muerte y la vida están en poder de la lengua" (Proverbios 18:21 RVR1960). Las palabras que hablas como profeta, en el espíritu y la unción de Elías, traerán vida o muerte, así que debes elegir tus palabras sabiamente. Cuando hables como profeta, debes hacerlo con la unción del Espíritu Santo, y debes pronunciar las palabras que él te diga, no las de tu propio corazón o tu mente.

En la Biblia, Dios siempre fue muy claro con los profetas. Cuando Jeremías tuvo miedo de hablar como profeta, el Señor le dijo:

> "Porque vas a ir adondequiera que yo te envíe y vas a decir todo lo que yo te ordene. No tengas temor delante de ellos que yo estoy contigo para librarte", afirma el Señor. Luego extendió el Señor la mano y, tocándome la boca, me dijo: "He puesto en tu boca mis palabras. Mira, hoy te doy autoridad sobre naciones y reinos, para arrancar y derribar, para destruir y demoler, para construir y plantar".
>
> —Jeremías 1:7-10

Lo mismo ocurre con las palabras de los Elías de esta era. Cuando ellos pronuncian las palabras que el Señor les dio, esas palabras tienen el poder de arrancar y derribar fortalezas de idolatría, injusticia, amargura, avaricia, envidia y lujuria. Sus palabras tienen el poder de destruir, de derribar las mentiras y los planes del enemigo, de destruir las obras de la oscuridad que se levantan contra los hijos de Dios. Sus palabras tienen el poder de construir y plantar esperanza, paz, arrepentimiento, perdón, misericordia, gracia, amor y alegría en los corazones de los creyentes que se vuelven al Señor, para seguirlo en todos sus caminos.

Las palabras de los profetas pueden penetrar directamente en el corazón del asunto. Cuando la gente se reunió en el monte Carmelo para ver el enfrentamiento entre Elías y los profetas de Baal, Elías hizo esta pregunta clave: "¿Hasta cuándo van a seguir indecisos? Si el Dios verdadero es el Señor, deben seguirlo; pero si es Baal, síganlo a él" (1 Reyes 18:21). Sin embargo, sus palabras no se detuvieron ahí. Y en el momento del sacrificio de la tarde, declaró la verdad —con audacia y poder— sin reservas. Habló las palabras que el Señor le había dado, palabras que también llegaron directo al centro del asunto: los corazones de los hijos de Israel.

> "Señor, Dios de Abraham, de Isaac y de Israel, que todos sepan hoy que tú eres Dios en Israel y que yo soy tu siervo y he hecho todo esto en obediencia a tu palabra.
>
> ¡Respóndeme, Señor, respóndeme, para que esta gente reconozca que tú, Señor, eres Dios y estás haciendo que su corazón se vuelva a ti!".
>
> —1 Reyes 18:36-37

Todo lo que Elías dijo e hizo fue por mandato de Dios. Reconoció su posición como siervo del Señor, y obedeció de la manera en que lo hace un siervo humilde. De modo que cuando obedeces y declaras la verdad tal como Dios te dijo, el Señor va a manifestarse:

"En ese momento, cayó el fuego del Señor y quemó el holocausto, la leña, las piedras y el suelo, y hasta lamió el agua de la zanja".

—1 Reyes 18:38

Dios respondió a las palabras de Elías. También responde a las tuyas. Nunca olvides el poder que tienes en tus palabras.

Otra cosa que siempre debes recordar como profeta es el mandato del Señor a Ezequiel: "Tal vez te escuchen, tal vez no, pues son un pueblo rebelde; pero tú les proclamarás mis palabras" (Ezequiel 2:7). Como profeta, debes hablar cuando el Espíritu Santo te dé la unción para hacerlo. Eres responsable de obedecer, pero no lo eres de hacer que otros escuchen o respondan a la palabra que has expresado. Eso depende de ellos. No es tu trabajo interpretar el mensaje. Observa el cumplimiento del mimo. Solo necesitas ser fiel para decir y hacer lo que el Señor dice que digas y hagas, y luego dejar que el Espíritu Santo —que obra en los corazones de las personas— haga el resto.

Ventajas de la Palabra del Señor

La palabra del Señor trae grandes beneficios a los creyentes. Hay una lista de cien ventajas de la palabra del Señor en mi libro *The Prophetic Advantage*.[1] Los siguientes son solo algunos ejemplos:

La palabra del Señor trae sanidad y liberación.

"Envió su palabra, y los sanó,
y los libró de su ruina".

—Salmos 107:20 RVR1960

La palabra profética ilumina la oscuridad.

"Esto ha venido a confirmarnos la palabra de los profetas, a la cual ustedes hacen bien en prestar atención como a una lámpara que brilla en un lugar oscuro, hasta que amanezca el día y salga el lucero de la mañana en sus corazones".

—2 Pedro 1:19

La palabra del Señor es un fuego que puede quemar las cosas muertas y secas de tu vida. También es un martillo que rompe hasta los corazones más duros, de manera que puedan ser restaurados y limpiados nuevamente.

"¿No es acaso mi palabra como fuego y como martillo que pulveriza la roca?", afirma el Señor.

—Jeremías 23:29

La palabra del Señor refresca como la lluvia, trayendo vida y nuevo crecimiento.

Que caiga mi enseñanza como lluvia y desciendan mis palabras como rocío, como aguacero sobre el pasto nuevo, como lluvia abundante sobre plantas tiernas.

—Deuteronomio 32:2

La palabra profética infunde visión y propósito en los hijos de Dios.

"Sin profecía el pueblo se desenfrena; mas el que guarda la ley es bienaventurado".

—Proverbios 29:18 RVR1960

El Señor se revela a través de la palabra profética.

"Y Jehová volvió a aparecer en Silo; porque Jehová se manifestó a Samuel en Silo por la palabra de Jehová".

—1 Samuel 3:21 RVR1960

La palabra del Señor destruye el espíritu de Jezabel.

Así que volvieron para informarle a Jehú y este comentó:
—Se ha cumplido la palabra que el Señor dio a conocer por medio de su siervo Elías el tisbita, que dijo: "En el campo de Jezrel los perros se comerán a Jezabel". De hecho, el cadáver de Jezabel será como estiércol en el campo de Jezrel y nadie podrá identificarla ni decir: "Esta era Jezabel".

—2 Reyes 9:36-37

La palabra del Señor trae restauración.

"Él fue quien restableció las fronteras de Israel desde Lebó Jamat hasta el mar del Arabá, según la palabra que el Señor, Dios de Israel, había dado a conocer por medio de su siervo Jonás, hijo de Amitay, el profeta de Gat Jefer".

—2 Reyes 14:25

La palabra del Señor da esperanza.

Espero al Señor, lo espero con toda el alma; en su palabra he puesto mi esperanza.

—Salmos 130:5

La palabra profética te da valentía para realizar actos de justicia, aun cuando vayan en contra de los estándares de la cultura.

Cuando oyó Asa las palabras y la profecía del profeta Azarías hijo de Obed, cobró ánimo, y quitó los ídolos abominables de toda la tierra de Judá y de Benjamín, y de las ciudades que él había tomado en la parte montañosa de Efraín; y reparó el altar de Jehová que estaba delante del pórtico de Jehová.

—2 Crónicas 15:8 RVR1960

La fe se manifiesta en las obras

Aun cuando hablar, predicar y declarar la palabra del Señor es parte importante del caminar en el espíritu, el poder y la unción de Elías, no es lo único. Elías también fue un hombre de acción. Era un profeta que realizaba las obras del Señor.

"Las acciones hablan más fuerte que las palabras" es un dicho que escuchamos con frecuencia, el cual es muy cierto. Hay muchos aspectos a considerar en este concepto para los profetas Elías de nuestros días. En primer lugar, tiene que ver con el comportamiento personal y la justicia. Para caminar en el espíritu y la unción de Elías, debes andar en la justicia. Debes tener manos limpias y un corazón puro. Si estás luchando con el pecado habitual, necesitas arrepentirte. Ve al desierto con el Señor y permítele que te limpie y te refine con su Palabra. Busca primero al Señor y su justicia. Esto es vital, ya que el pecado puede anular tu ministerio aun antes de que comience. No puedes esperar que alguien preste atención a la palabra del Señor que anuncias si sabe que tienes una aventura o te ven borracho todos los viernes por la noche en un bar. Tampoco puedes esperar que has de escuchar claramente al Señor si tu corazón está endurecido por el pecado o tus oídos están tapados por las mentiras que te cuentas para justificar tu transgresión.

Más allá de tu actuar particular, tus acciones con los demás también hablan mucho más fuerte que tus palabras. Como hombre o mujer de Dios, tus acciones deben señalar a Jesús. Deben ser un reflejo de la voluntad del Señor para su pueblo.

> ¡Él te ha mostrado, oh mortal, lo que es bueno!
> ¿Y qué es lo que espera de ti el Señor?:
> Practicar la justicia,
>   amar la misericordia
>   y caminar humildemente ante tu Dios.
>
> —Miqueas 6:8

De este modo todos sabrán que son mis discípulos, si se aman los unos a los otros

—Juan 13:35

Les ruego que vivan de una manera digna del llamamiento que han recibido, siempre humildes y amables, pacientes, tolerantes unos con otros en amor. Esfuércense por mantener la unidad del Espíritu mediante el vínculo de la paz.

—Efesios 4:1-3

Así que en todo traten ustedes a los demás tal y como quieren que ellos los traten a ustedes. De hecho, esto es la Ley y los Profetas.

—Mateo 7:12

Cada uno debe velar no solo por sus propios intereses, sino también por los intereses de los demás.

—Filipenses 2:4

El libro de Santiago afirma, con suma claridad, que la fe sin obras está muerta:

Supongamos que un hermano o una hermana no tiene con qué vestirse y carece del alimento diario, y uno de ustedes le dice: "Vaya en paz; abríguese y coma hasta saciarse", pero no le da lo necesario para el cuerpo. ¿De qué servirá eso? Así también la fe por sí sola, si no tiene obras, está muerta. Sin embargo, alguien dirá: "Tú tienes fe y yo tengo obras" ... Pues bien, muéstrame tu fe sin las obras, y yo te mostraré la fe por mis obras.

— Santiago 2:15-18, 26

La fe obra. La fe hace algo. La fe, mientras oras, hablas y predicas, también respalda las palabras con acciones. Elías no solo predicaba contra la idolatría, sino que además hacía algo al respecto. No solo decía que el Señor era más grande que cualquier dios falso o ídolo, sino que lo demostraba. Y cuando el Señor le decía que fuera a alguna parte, él iba. Cuando el Señor le decía que huyera, él huía.

Como hijos de Dios que caminamos en el espíritu y la unción de Elías, necesitamos orar y luego actuar. Necesitamos buscar al Señor para obtener su guía, para recibir su palabra y luego actuar según lo que nos diga que hagamos. Dios nos ha llamado a mostrar su amor a un mundo que desesperadamente lo necesita. Dios nos ha instado a amarnos unos a otros. Dios nos ha llamado a poner su amor en acción. El amor es una palabra de acción.

MOVIDOS CON COMPASIÓN

Cuando Jesús andaba por la tierra, era un hombre de la Palabra. Hablaba la Palabra, compartía la sabiduría del Señor, predicaba la justicia, declaraba la verdad y expresaba palabras de esperanza, sanidad, fe, paz y compasión. Pero no solo hablaba, también actuaba.

La Biblia dice una y otra vez que Jesús fue movido a compasión por la gente:

Al ver a las multitudes, tuvo compasión de ellas, porque estaban agobiadas y desamparadas, como ovejas sin pastor.

—MATEO 9:36

Cuando Jesús desembarcó y vio tanta gente, tuvo compasión de ellos y sanó a los que estaban enfermos.

—MATEO 14:14

Jesús llamó a sus discípulos y les dijo: "Siento compasión de esta gente porque ya llevan tres días conmigo y no tienen nada que comer. No quiero despedirlos sin comer, no sea que se desmayen por el camino".

— MATEO 15:32

Cuando Jesús desembarcó y vio tanta gente, tuvo compasión de ellos, porque eran como ovejas sin pastor. Así que comenzó a enseñarles muchas cosas.

—Marcos 6:34

Jesús sintió compasión por las personas que carecían de dirección y esperanza. Tuvo compasión por aquellos que carecían de alguien que los guiara, los ayudara y atendiera sus necesidades. Fue compasivo con los cansados, tanto del cuerpo como del espíritu. Tuvo compasión por los enfermos, los heridos y los lastimados. Sintió compasión por los hambrientos y los pobres. Parte de la misión de Jesús en la tierra fue esta:

El Espíritu del Señor y Dios está sobre mí, por cuanto me ha ungido para anunciar buenas noticias a los pobres. Me ha enviado a sanar los corazones heridos, a proclamar libertad a los cautivos y la liberación de los prisioneros, a pregonar el año del favor del Señor y el día de la venganza de nuestro Dios, a consolar a todos los que están de duelo y a confortar a los dolientes de Sión. Me ha enviado a darles una corona en vez de cenizas, aceite de alegría en vez de luto, traje de alabanza en vez de espíritu de desaliento. Serán llamados robles de justicia, plantío del Señor, para mostrar su gloria.

—Isaías 61:1-3

Jesús cumplió con su misión. Tocó a los leprosos y los sanó. Hizo que los ciegos vieran, los cojos caminaran bien y que los sordos oyeran. Sanó el corazón herido de la mujer sorprendida en adulterio, no condenándola, sino diciéndole que fuera y no pecara más. Volcó las mesas de los cambistas que habían convertido la casa del Señor en una cueva de ladrones. Alimentó a los hambrientos. Sació la sed de muchos, tanto física como espiritualmente. Liberó a personas que estaban en cautiverio a causa de los demonios. Dio libertad a aquellos encadenados por sus pecados. Levantó a las personas de las cenizas de su quebrantamiento y les dio una corona de belleza. Redimió y restauró. Mostró el poder de Dios con milagros, señales y maravillas.

Jesús nos mostró que el amor actúa.

Y también dijo: "De cierto, de cierto os digo: El que cree en mí, las obras que yo hago, él las hará también; y aún mayores hará, porque yo voy al Padre" (Juan 14:12 RVR1960). Tienes la capacidad de hacer obras mayores por fe que las que hizo Jesús. El propio Jesús lo dijo. Operar en lo profético no tiene que ver solo con palabras. Tiene que ver con el amor y la compasión de Dios en acción. Los milagros, señales y maravillas son extensiones del amor de Dios por nosotros. Cuando operas en el espíritu y la unción de Elías y tu corazón se conmueve con compasión, puedes hacer milagros, señales y maravillas por la unción del Espíritu Santo. Cuando un profeta sana o ayuda a alguien a encontrar su camino hacia la provisión y la prosperidad, eso también es una manifestación del amor de Dios.

LA PALABRA Y LA ACCIÓN TRABAJAN JUNTAS

Tus acciones como profeta en el espíritu y la unción de Elías también respaldarán tus palabras y les darán credibilidad mientras seas dirigido por el Espíritu Santo y respondas a su unción. Al principio de su ministerio, Elías se encontró con una viuda y su hijo. El Señor le había dirigido específicamente a que fuera a Sarepta, diciendo: "Ve ahora a Sarepta en Sidón y permanece allí. A una viuda de ese lugar le he ordenado darte de comer" (1 Reyes 17:9). La viuda no era una mujer rica; es más, era bastante pobre, pero era una mujer de fe.

Elías encontró a la mujer recogiendo leña en la puerta de la ciudad, y le pidió un poco de agua y un bocado de pan. La mujer respondió: "Tan cierto como el Señor tu Dios vive —respondió ella—, no me queda ni un pedazo de pan; solo tengo un puñado de harina en la tinaja y un poco de aceite en el jarro. Precisamente estaba recogiendo unos leños para llevármelos a casa y hacer una comida para mi hijo y para mí. ¡Será nuestra última comida antes de morirnos de hambre!" (1 Reyes 17:12). La mujer había llegado al final de sus fuerzas. Solo le quedaba un puñado de harina y un poco de aceite, y después de solo esperaría el fin. Ella y su hijo lo comerían y luego morirían de hambre, ya que no tenía manera de proveer para ella y su hijo. A causa de la sequía, todos estaban sufriendo, y las personas que normalmente podrían haber ayudado a la viuda y a su hijo con alimentos estaban luchando para conseguir su propia comida para los suyos. La pobre viuda no tenía esperanza.

Sin embargo, apareció Elías. Cuando ella le informó de su situación, él respondió: "No tengas temor; ve, haz como has dicho; pero hazme a mí primero de ello una pequeña torta cocida debajo de la ceniza, y tráemela; y después harás para ti y para tu hijo" (1 Reyes 17:13-14 RVR1960).

La mujer dio un paso de fe e hizo exactamente lo que Elías le instruyó. Y tal como Elías había dicho: "La harina de la tinaja no escaseó, ni el aceite de la vasija menguó, conforme a la palabra que Jehová había dicho por Elías" (1 Reyes 17:16 RVR1960).

Un poco más tarde, sin embargo, ocurrió una tragedia. El hijo de la viuda se enfermó y murió. Así que la viuda le dijo a Elías: "¿Qué tengo yo contigo, varón de Dios? ¿Has venido a mí para traer a memoria mis iniquidades, y para hacer morir a mi hijo?" (1 Reyes 17:18 RVR1960). La viuda sabía que no era perfecta. Sabía que había pecado en el pasado. También sabía que Elías era un hombre de Dios, por lo que supuso que la muerte de su hijo era un juicio por sus pecados, a pesar de que había respondido a Elías con fe y le había proporcionado comida y refugio.

A veces, cuando eres profeta, pasan cosas como esa. Ves la mano del Señor obrando. Él te habla, tú respondes con obediencia y las cosas salen, exactamente, como el Señor dijo que saldrían. Él obra milagros a tu favor y a favor de aquellos a quienes estás ministrando. Pero luego sucede algo inesperado. Ocurre algo que no parece ser lógico, que desafía tu fe y hace que te preguntes si en realidad escuchaste correctamente al Señor.

Cuando surgen esos momentos, es muy importante que te mantengas sintonizado con el Espíritu Santo, escuchando sus instrucciones, respondiendo a su unción y actuando con fe y obediencia a su palabra para ti. La vida del profeta nunca es fácil, por lo que estos desafíos a tu fe han de suceder. Pero, lo que importa es cómo reacciones a los desafíos. Una verdad profunda que he llegado a entender es que nuestro Dios todopoderoso nunca se sorprende ni se desconcierta. Siempre tiene un plan mejor, uno que supera nuestra limitada perspectiva humana. Como el Alfa y la Omega, el Principio y el Fin, su existencia —o su ser— trasciende las limitaciones del tiempo; además de que conoce cada detalle intrincado de nuestras vidas. Nada de lo que se desarrolle ante nosotros le causa sorpresa. Esta es una verdad que los Elías de hoy deben cultivar en sus corazones. Dios es Dios, nosotros no lo somos.

Aun ante circunstancias desafiantes o acontecimientos inesperados, podemos encontrar consuelo en el hecho de que la sabiduría y la soberanía de Dios prevalecen. Él orquesta cada situación, tejiendo un lienzo que —en última instancia— glorifica su nombre. En su infinita sabiduría, él previó los momentos en los que nos encontramos y ya ha ideado un plan estratégico para manifestar sus propósitos.

Elías respondió a la viuda pidiéndole que le diera a su hijo.

Y quitándoselo del regazo, Elías lo llevó al cuarto de arriba, donde estaba alojado, y lo acostó en su propia cama. Entonces clamó al Señor: "Señor mi Dios, ¿también a esta viuda, que me ha dado alojamiento, la haces sufrir matándole a su hijo?". Luego se tendió tres veces sobre el muchacho y clamó: "¡Señor mi Dios, devuélvele la vida a este muchacho!".

El Señor oyó el clamor de Elías y el muchacho volvió a la vida. Elías tomó al muchacho y lo llevó de su cuarto a la planta baja. Se lo entregó a su madre y le dijo: "¡Tu hijo vive! ¡Aquí lo tienes!".

—1 REYES 17:19-23

Elías obró un milagro. Respondió en obediencia a la unción del Señor, y resucitó al hijo de la viuda. Cuando tienes una relación íntima con el Señor, andas en rectitud delante de él, escuchas su voz, respondes a su unción con obediencia y fe, entonces andarás en medio de milagros, señales y maravillas, todo para la gloria de Dios. Recuerda, para Dios no hay nada imposible y con él todas las cosas son posibles (Jeremías 32:17; Mateo 19:26).

Es importante considerar la respuesta de la viuda al ver a su hijo resucitado. Ella dijo: "Ahora sé que eres un hombre de Dios y que lo que sale de tu boca es realmente la palabra del Señor" (1 Reyes 17:24). La viuda ya sabía que Elías era un varón de Dios. El Señor había eliminado cualquier duda al respecto con el milagro de la harina y el aceite que nunca se agotaban. Pero la última acción de Elías de resucitar a su hijo logró algo más: hizo que ella se diera cuenta, sin sombra de duda, que la palabra del Señor que Elías hablaba era verdadera. Tus acciones como profeta, como Elías de hoy, hablan de la verdad de tus palabras.

La palabra y la acción están destinadas a trabajar juntas. Como profetas, necesitamos tener cuidado de no caer en la trampa del orgullo, puesto que somos los que escuchamos al Señor. Los profetas de hoy a menudo se envuelven en una esfera muy espiritual y muy exclusiva, se presentan como los únicos que tienen una palabra del Señor. Persiguen la honra propia, el reconocimiento y ser acreditados como profetas, cuando hay personas reales que necesitan un toque de Dios. Las palabras del Señor liberan a las personas, pero satisfacer la necesidad cotidiana de alguien también da libertad. Y en cuanto a Elías, se escribió más sobre lo que hizo que sobre lo que dijo. Lo cierto es que activó el reino angelical y la provisión sobrenatural a favor del pueblo de Dios. Mostró el poder del único Dios verdadero y, con sus palabras y sus acciones, volvió el corazón de los hijos de Israel de vuelta al Señor.

El momento es propicio para la acción, para internarnos en el ámbito sobrenatural y asociarnos con el plan del cielo. Como Elías, abracemos lo milagroso, esperemos lo imposible y avancemos con una fe inquebrantable. A través de señales y maravillas, veremos a los cautivos liberados, a los quebrantados sanados y a los perdidos llevados al abrazo del Padre.

En los pasos de Elías, encontramos una invitación a ser vasijas de justicia, portadores de la llama que enciende el avivamiento. Que cuando nos encontremos en el umbral del destino, tomemos el manto profético con valentía y convicción. Que nuestras palabras resuenen con autoridad celestial y nuestros actos manifiesten el poder del todopoderoso.

Amado, presta atención al llamado, pues el legado de Elías nos insta a levantarnos. Aceptemos el manto profético y que nuestras palabras y acciones sean una sinfonía de amor divino, un eco resonante de la voluntad divina. Juntos estremeceremos naciones, transformaremos ciudades y daremos paso al glorioso reino de nuestro Dios.

Segunda parte

Reforma

Aquí está Elías

UANDO LOS ELÍAS salen de su prueba en el Querit, su tiempo ocultos con el Señor, comienza el enfrentamiento. La sequía proclamada por Elías duró tres años. Después de su temporada en ese arroyuelo, se quedó con la viuda de Sarepta hasta que llegó el momento de que aparecería en escena. Sarepta no estaba en Israel, así que Elías estuvo bien escondido mientras estuvo allí. Debido a la duración de la sequía, Dios le proveyó milagrosamente a Elías tanto en el arroyo como en Sarepta.

Elías sabía la importancia de esperar en el tiempo del Señor, por eso permaneció oculto por tanto tiempo. Como hemos tratado, la obediencia al Señor es importante. Hasta que los Elías de hoy, como profetas, reciban la unción del Espíritu Santo para moverse, deben permanecer donde estén. En el caso tuyo, necesitas confiar en que Dios todavía te está preparando para los desafíos que vendrán y esperar en su tiempo, porque cuando salgas a la arena, será el momento del enfrentamiento.

PRESÉNTATE

Habían pasado tres años, tres años de sequía, tres años de espera, tres años de crecimiento, tres años desarrollando su relación con el Señor, tres años preguntándose cuándo sería el momento de actuar. Entonces, de repente, "vino palabra de Jehová a Elías en el tercer año, diciendo:

Ve, preséntate a Acab, y yo haré llover sobre la faz de la tierra" (1 Reyes 18:1 RVR1960).

Ese versículo contiene principios atemporales que resuenan en esta generación. "Preséntate" ante los reyes de la tierra lleva consigo un significado más profundo que trasciende su contexto histórico. En términos de esta generación, eso habla de un llamado para asumir posiciones de influencia y autoridad, tanto en los ámbitos seculares como espirituales. Significa una comisión divina para involucrarse con líderes, tomadores de decisiones e *influencers* dentro de nuestras esferas de dominio.

En el contexto de este versículo, se instruyó a Elías a presentarse ante Acab —rey de Israel— en un momento de sequía y depravación espiritual. La presencia de Elías ante el rey sirvió como catalizador para la intervención divina y una confrontación con la idolatría prevaleciente. De igual manera, en esta generación, somos llamados a involucrarnos audaz y valientemente con aquellos que tienen autoridad, llevando la verdad de la Palabra de Dios y su poder transformador.

En esta generación, presentarnos ante los reyes de la tierra requiere que encarnemos la integridad, la sabiduría y el Espíritu de Dios. Demanda un compromiso con la rectitud, la justicia y la compasión. Por tanto, debemos ser audaces al hablar la verdad a los poderosos, sin miedo a abordar problemas sociales ni a participar en conversaciones que desafíen las normas predominantes.

La temporada de Elías oculto con el Señor había llegado a su fin; estaba listo para obedecer a la unción del Señor, y así lo hizo de inmediato. El siguiente versículo comienza así: "Elías se puso en camino para presentarse ante Acab" (v. 2). Cuando estás caminando en el espíritu y la unción de Elías y Dios te dice que vayas, vas.

Ten en cuenta que lo último que Elías le había dicho a Acab fue: "Tan cierto como que vive el Señor, Dios de Israel, a quien yo sirvo, te aseguro que no habrá rocío ni lluvia en los próximos años, hasta que yo lo ordene" (1 Reyes 17:1). Y eso fue exactamente lo que sucedió. Acab era el monarca del reino que había estado sufriendo la sequía y la hambruna durante tres años a causa de la palabra profética de Elías. Había llegado al punto en que el propio Acab estaba buscando en el campo pasto para mantener con vida su ganado, junto a un hombre llamado Abdías, que dirigía la casa del rey. Acab no estaba sentado en su trono, comiendo bombones, bebiendo vino ni haciendo cosas de reyes. Estaba bajo el sol y el calor, buscando manantiales que pudieran tener pasto cerca para alimentar a sus animales. Los efectos de la sequía habían llegado incluso al palacio del rey.

Debido a eso, Elías sabía que no era muy grato para Acab. Sin embargo, cuando el Señor le dijo que fuera a presentarse ante el rey, Elías no vaciló. Y eso es lo que hacen los Elías. No ceden ante el temor al hombre. No se acobardan ante nadie. No importa a quién te envíe el Señor, cuán poderoso sea, qué piense de ti, qué poder tenga para hacerte algo; nada de eso importa cuando el Espíritu Santo te dice que vayas.

Cuando Elías se dirigía a presentarse ante Acab, se encontró con Abdías. La Biblia nos dice que "Abdías temía mucho a Jehová" (1 Reyes 18:3-4). Cuando vio a Elías, supo de inmediato quién era y cayó sobre su rostro. Probablemente no tenía idea de qué esperar, sobre todo porque la última vez que Elías apareció, fue el comienzo de la sequía; lo que había hecho su trabajo mucho más difícil por tres años.

Elías dijo: "Ve, di a tu amo: 'Aquí está Elías'" (1 Reyes 18:11 RVR1960).

Abdías confirmó que Acab no era amigo de Elías cuando respondió:

—¿Qué mal ha hecho este servidor suyo —preguntó Abdías—, para que me entregue a Acab y él me mate? Tan cierto como que el Señor su Dios vive, no hay nación ni reino adonde mi amo no haya mandado a buscarlo. Y a quienes afirmaban que usted no estaba allí, él los hacía jurar que no lo habían encontrado. ¿Y ahora usted me ordena que vaya a mi amo y le diga que usted está aquí? ¡Qué sé yo a dónde lo va a llevar el Espíritu del Señor cuando nos separemos! Si voy y le digo a Acab que usted está aquí, y luego él no lo encuentra, ¡me matará! Tenga usted en cuenta que yo, su servidor, he sido temeroso del Señor desde mi juventud. ¿No le han contado a mi señor lo que hice cuando Jezabel

estaba matando a los profetas del Señor? ¡Pues escondí a cien
de los profetas del Señor en dos cuevas, cincuenta en cada una,
y les di de comer y de beber! ¡Y ahora usted me ordena que vaya
a mi amo y le diga que usted está aquí! ¡De seguro me matará!

—1 REYES 18:9-14

Abdías temía por su vida. Sabía todo el esfuerzo que Acab había puesto en buscar a Elías, y le preocupaba que si entregaba el mensaje y Elías
desaparecía antes de que Acab regresara, sería ejecutado por el malvado
rey. Sin embargo, Elías le aseguró que se presentaría ante Acab ese día,
tal como el Señor lo había dirigido.

El mensaje de Elías para Acab fue audaz y directo. Estaba informan-
do a Acab que había llegado, y era hora de que algo sucediera. También
estaba dejando claro a Acab que las cosas estaban ocurriendo según el
tiempo del Señor. Acab estuvo buscando a Elías por años, sin éxito. Sin
embargo, tan pronto como el Señor dio la orden, Acab ya no tuvo que
buscar más. Elías fue a él.

En el idioma hebreo, el mensaje de Elías para Acab en realidad decía
otra cosa. Los manuscritos originales decían una sola palabra: "Elías" (1
Reyes 18:8). Eso significa que "aquí está" no aparece en el hebreo original.
Por tanto, el mensaje que Abdías debía entregar constaba, en realidad,
de una sola palabra: Elías.

Ahora bien, el mensaje —por supuesto— significa que Elías estaba
allí. Eso es claro por la respuesta de Abdías. Pero medita en lo que significa el nombre Elías. Como ya lo dije, el nombre Elías quiere decir:
"Mi Dios es Jehová" o "Jehová es Dios". De modo que cuando Abdías le
entregó el mensaje a Acab, también estaba declarando la verdad de que
al igual que el profeta, él también temía y servía al Señor. Lo que dijo
fue: "Mi Dios es el Señor" o "Jehová es Dios". Entonces, cuando Abdías
entregó el mensaje, estaba declarando la verdad que lo cambia todo, la
verdad que controla el universo, la verdad por la cual las naciones y los
reyes se levantan y caen, la verdad más poderosa que cualquier otra cosa:
"¡El Señor es Dios!".

La proclamación "Aquí está Elías" tiene profundas implicaciones para los profetas de hoy y aquellos llamados a operar con los dones proféticos. Elías, como renombrado profeta de antaño, representa la poderosa unción y el manto del ministerio profético. Su presencia simboliza la manifestación de la voz profética y el poder de Dios en una generación.

Para esta generación de profetas, la declaración "Aquí está Elías" personifica el despertar de un mandato divino y de una unción. Sirve como recordatorio de que el espíritu y la esencia de Elías, como precursor y catalizador de la transformación, habita en aquellos que están llamados al ministerio profético en la actualidad. Dios reparte nuevos mantos de autoridad, da unción para proclamar sus mensajes y empodera para confrontar y desafiar el ambiente espiritual prevaleciente.

En esta generación, la expresión "Aquí está Elías" insta a los profetas a abrazar su identidad y su llamado como voceros de verdad y transformación. Esa frase es una invitación a operar con la misma valentía, audacia y fe inquebrantable que caracterizó el ministerio de Elías. Además, implica un mandato para hablar sin transigir, enfrentando sin miedo la idolatría predominante, la apatía espiritual y la decadencia moral de nuestros tiempos. Es hora de que los profetas de hoy reconozcan el peso y la importancia de su llamado. Has sido ungido con un manto de autoridad profética, dentro de ti llevas la esencia misma del espíritu de Elías. Así como él confrontó el ambiente espiritual prevaleciente en su época, tú también estás llamado a confrontar la oscuridad y traer a la luz la verdad de Dios.

Más aún, la declaración "Aquí está Elías" les recuerda a los profetas su papel como agentes de avivamiento y restauración. Así como Elías confrontó a los profetas de Baal y fue testigo de la manifestación del poder de Dios, esta generación de profetas está llamada a desmantelar las fortalezas de la oscuridad y liberar el poder transformador del Espíritu de Dios. La declaración "Aquí está Elías" es un encargo divino para llevar sanidad, liberación y avivamiento a individuos, comunidades y naciones.

Además, "Aquí está Elías" destaca la importancia de la unidad y la colaboración entre los profetas. Así como Elías no estaba solo en su travesía profética, sino que tenía compañeros profetas como Eliseo, esta generación está llamada a promover un sentido de comunidad, apoyo y responsabilidad entre las voces proféticas. Juntos pueden fortalecerse mutuamente, compartir ideas y revelaciones, e impulsar un poderoso mover de Dios.

En última instancia, la declaración "Aquí está Elías" sirve como un llamado claro a esta generación de profetas para que se levanten, abrazando su llamado divino y caminando en la autoridad y la unción del manto profético. Es una invitación a llevar el fuego de la presencia de Dios, confrontar la oscuridad y liberar palabras proféticas que traigan transformación, avivamiento y la manifestación del reino de Dios en la tierra.

El que turba a Israel

"Cuando Acab vio a Elías, le dijo: ¿Eres tú el que turbas a Israel?" (1 Reyes 18:17 RVR1960). La palabra hebrea traducida como "turba" es 'āḵar, que —literalmente— significa agitar o enturbiar, como al revolver el agua; perturbar, molestar y causar agitación. Acab estaba acusando a Elías de ser la fuente de todos los problemas, la raíz del conflicto y el responsable de todo lo que había estado sucediendo. Y aunque Elías, en definitiva, había estado agitando algunas cosas y pronto las agitaría aún más, aunque no precisamente para enturbiar las aguas. Elías había venido a traer claridad, a traer verdad, a limpiar y restaurar. Era Acab el que había enturbiado las aguas, junto con su esposa Jezabel, con su idolatría y todas las otras formas de maldad que estaban cometiendo y promoviendo en Israel.

Esto a menudo sucede con las personas que están caminando en el espíritu y la unción de Elías. Se les acusa de ser agitadores, de revolver las cosas con consecuencias negativas. Se les acusa de ser la fuente de todas las complicaciones. Pero cuando los profetas Elías hablan la verdad de la Palabra con poder y valentía, agitan las cosas para traer claridad, integridad y sanidad; para hacer volver el corazón de las personas al Señor; y para llevarlas a la fuente de agua viva. El agua de la Palabra que nos lava no está sucia, turbia, turbulenta ni llena de basura; al contrario, es limpia, clara, serena y refrescante, y te lavará por dentro y por fuera de una manera que ninguna otra agua podría hacerlo.

Cuando las personas son confrontadas con su propio pecado, a menudo intentan señalar con el dedo a otro para desviar la atención de sí mismos. Si pueden hacer que la gente crea que el profeta es el problema, entonces pueden desestimar cualquier convicción que estén sintiendo. Y si pueden desestimar el impulso en su espíritu, entonces no tienen que cambiar. No tienen que arrepentirse. Tratar de cambiar la culpa es un acto de orgullo.

Los profetas de los tiempos modernos que hablan fielmente la verdad y proclaman la Palabra de Dios pueden enfrentar oposición, resistencia o acusaciones de ser impertinentes o causar problemas. Esto puede surgir cuando sus palabras proféticas confrontan los sistemas de injusticia, exponen la falta de rectitud o llaman al arrepentimiento y al cambio en una sociedad o dentro de la iglesia.

Los profetas en esta generación, a menudo, llevan la carga de abordar problemas como la injusticia social, el declive moral, la apatía espiritual y el compromiso de la verdad bíblica. Desafían el *statu quo*, llamando a un retorno a los estándares de Dios y a la búsqueda de la justicia. Sus mensajes pueden perturbar a los cómodos y confrontar a los complacientes, lo que lleva a acusaciones de ser alborotadores o perturbadores de la paz.

Sin embargo, es importante discernir que ser etiquetado como "alborotador" no disminuye la validez ni la importancia de la voz profética. Más bien, enfatiza que el ministerio profético, cuando se lleva a cabo fielmente, a menudo perturba y desafía los sistemas y mentalidades prevalecientes que son contrarios a la verdad de Dios.

Los profetas de los tiempos modernos deben permanecer firmes e inquebrantables en su compromiso de hablar la verdad en amor, independientemente de la oposición que enfrenten. Deben depender del discernimiento y la sabiduría del Espíritu Santo para navegar a través de acusaciones y adversidades, siempre alineando sus mensajes con la voluntad y la Palabra de Dios.

La función de "alborotador" para los profetas de los tiempos modernos insta a las voces proféticas a hablar valientemente contra la injusticia, la falta de rectitud y el compromiso moral, aun cuando sea incómodo o impopular. Enfatiza la necesidad de que los profetas permanezcan firmemente arraigados a la verdad de Dios, confiando en su guía y actuando como defensores de la justicia y la transformación en sus respectivas esferas de influencia.

Al igual que los profetas del pasado, ser "alborotador" —en este contexto— significa acoger el mandato profético de desafiar y perturbar los sistemas que se oponen a la voluntad de Dios, mientras se busca la restauración y la redención que su verdad y su amor traen a individuos, comunidades y naciones.

Cuando Acab acusó a Elías de perturbar a Israel, este respondió con la verdad: "Yo no he turbado a Israel, sino tú y la casa de tu padre, dejando los mandamientos de Jehová, y siguiendo a los baales" (1 Reyes 18:18). Elías no se retractó de nada. Reconoció cuál era el verdadero problema, y era la extendida idolatría en Israel a causa de Acab. Pero como este estaba tratando de señalar con el dedo a Elías, era el momento no solo de hablar la verdad sino también de demostrarla.

LA CONFRONTACIÓN

Elías ordenó a Acab: "Ahora convoca de todas partes al pueblo de Israel, para que se reúna conmigo en el monte Carmelo con los cuatrocientos cincuenta profetas de Baal y los cuatrocientos profetas de la diosa Aserá que se sientan a la mesa de Jezabel" (1 Reyes 18:19). Estaba listo para demostrar que el Señor es Dios y quería que todo Israel lo presenciara. No iba a dejar la puerta abierta para que Acab, Jezabel ni ninguno de los falsos profetas tergiversaran la verdad. Estaba preparado para enfrentarse a 850 falsos profetas y quería una audiencia para que los corazones del pueblo se volvieran nuevamente hacia el Señor.

Cuando el pueblo se reunió por primera vez en el monte Carmelo, fue cuando Elías formuló esa pregunta clave: "¿Hasta cuándo van a seguir indecisos? Si el Dios verdadero es el Señor, deben seguirlo; pero si es Baal, síganlo a él" (1 Reyes 18:21).

En esta generación presente, un clamor resuena desde los cielos, repitiendo las palabras de 1 Reyes 18:21: "¿Hasta cuándo van a seguir indecisos?". Este clamor atraviesa el ruido y las distracciones de nuestro tiempo, desafiando a la iglesia y a los individuos a examinar el estado de sus corazones y tomar una decisión resuelta.

El clamor habla del prevaleciente asunto del compromiso espiritual y la lealtad dividida. En un mundo lleno de ideologías conflictivas, la iglesia y los creyentes a menudo se encuentran vacilando, balanceándose entre la verdad de la Palabra de Dios y el atractivo de las influencias mundanas. Ese clamor es un llamado a abrazar plenamente las verdades del reino de Dios y rechazar las trampas engañosas del mundo.

En este clamor, el cielo implora a la iglesia que deseche su complacencia, su tibieza y su inclinación a la tolerancia. Este clamor es un recordatorio de que el Señor desea un compromiso inquebrantable, una rendición absoluta y una devoción indivisa de su pueblo.

El clamor desde el cielo desafía a la iglesia a confrontar los ídolos y las creencias falsas que se han infiltrado en nuestras vidas. Nos insta a renunciar a cualquier lealtad a ideologías mundanas, dioses falsos o prácticas pecaminosas. Nos incita a mantenernos firmes en el fundamento de la verdad de Dios, rechazando ser influenciados por las corrientes cambiantes de la opinión popular o el relativismo cultural.

Este clamor nos llama a acoger un discipulado radical, haciendo una elección inequívoca de seguir a Jesucristo con todo nuestro ser. Requiere el compromiso firme de vivir los principios de su reino, aun cuando enfrentemos oposición o persecución.

Al responder a este clamor desde el cielo, somos invitados a una relación más profunda con Dios, en la que nuestros corazones se alinean con el suyo, nuestras mentes son renovadas por su Palabra y nuestras acciones reflejan su carácter. Nos convertimos en embajadores de su verdad, luces brillantes en un mundo oscuro y heraldos de su mensaje redentor.

Que este clamor sirva como un llamado de atención a la iglesia y a los individuos por igual, instándonos a abrazar plenamente la verdad de Dios, rechazar la tolerancia y caminar en una devoción inquebrantable. Escuchemos este clamor celestial, porque al hacerlo seremos testigos de la transformación, el avivamiento y la presencia manifiesta de Dios en medio de nosotros.

Cuando la gente en el monte Carmelo no dijo ni una palabra en respuesta a la pregunta de Elías, simplemente le confirmó lo que el Señor le había estado mostrando: los corazones de la gente se habían apartado del Señor y estaban endurecidos contra él. Entonces Elías estableció los parámetros del enfrentamiento:

—Yo soy el único que ha quedado de los profetas del Señor; en cambio, Baal cuenta con cuatrocientos cincuenta profetas. Tráigannos dos novillos. Que escojan ellos uno, lo descuarticen y pongan los pedazos sobre la leña, pero sin prenderle fuego. Yo prepararé el otro novillo y lo pondré sobre la leña, pero tampoco le prenderé fuego. Entonces invocarán ellos el nombre de su dios y yo invocaré el nombre del Señor. El que responda con fuego, ese es el Dios verdadero.

Y todo el pueblo estuvo de acuerdo.

—1 Reyes 18:22-24

La gente estuvo de acuerdo en que era una buena prueba, una excelente manera de demostrar quién era realmente Dios. Elías dejó que los profetas de Baal intervinieran primero. Ellos prepararon su buey y saltaron alrededor del altar, invocando a Baal durante horas, pero nada sucedió. Elías comenzó a burlarse de ellos, diciéndoles que gritaran más fuerte, que tal vez Baal estaba ocupado, o de paseo, o tomando una siesta. La respuesta de los profetas de Baal fue gritar aún más fuerte "y, como era su costumbre, se cortaron con cuchillos y lanzas hasta quedar bañados en sangre" (1 Reyes 18:28). Pero el resultado fue silencio, un profundo silencio. A pesar de sus esfuerzos más intensos, no cayó fuego.

Entonces fue el turno de Elías. Así que llamó a la gente y lo primero que hizo fue reparar el altar del Señor que estaba en ruinas. La palabra hebrea traducida como "ruinas" nos hace saber que el pueblo de Israel se había alejado tanto del Señor que al altar no solo le faltaba una piedra o dos, sino que había sido derribado, hecho pedazos, destruido y arruinado por completo.

Reconstruir los altares de adoración en ruinas es parte de andar en el espíritu y la unción de Elías. Es un llamado a los hijos de Dios a volver a la adoración del único Dios verdadero y a rechazar la idolatría. Es un recordatorio de quién es realmente el Señor de toda la tierra y el único digno de nuestra alabanza.

Pero Elías no solo reconstruyó el altar, lo hizo relevante y significativo para el pueblo de Israel en ese momento. Así que agarró doce piedras, una por cada una de las tribus de Israel, y las usó para construir el altar en el nombre del Señor. No era cualquier altar; era su altar, el que deberían haber estado adorando desde el principio. Debe haber recordado a la gente otras doce piedras, las que fueron tomadas del río Jordán cuando los israelitas entraron en la Tierra Prometida después de cuarenta años de vagar en el desierto. Un hombre de cada tribu había elegido una piedra del río, y Josué las había erigido como un recordatorio visual de lo que el Señor había hecho algo por ellos:

> Y servirán como señal entre ustedes. En el futuro, cuando sus hijos les pregunten: "¿Por qué están estas piedras aquí?", ustedes responderán: "El día en que el arca del pacto del Señor cruzó el Jordán, las aguas del río se dividieron frente a ella. Para nosotros los israelitas, estas piedras que están aquí son un recuerdo permanente de aquella gran hazaña".
>
> —Josué 4:6-7

Así como las personas que cruzaron el Jordán en tierra seca sabían que estaban representadas en doce piedras, recordándoles las maravillas y milagros del Señor, la gente de Israel reunida en el monte Carmelo sabía que estaban representados en el altar reconstruido. Elías no se detuvo a reconstruir el altar. Excavó una zanja alrededor de este lo suficientemente grande como para contener varios galones de agua. Luego hizo que la gente llenara cuatro vasijas de ese líquido y las vertieran sobre el altar tres veces. El sacrificio y la leña estaban empapados, e incluso la zanja alrededor del altar estaba llena de agua. Elías quería asegurarse al cien por ciento de que no había forma de que un ser humano pudiera prender fuego al sacrificio. También ofreció a Dios el bien más preciado en una sequía, que era el agua.

> A la hora del sacrificio vespertino, el profeta Elías dio un paso adelante y oró así: "Señor, Dios de Abraham, de Isaac y de Israel, que todos sepan hoy que tú eres Dios en Israel y que yo soy tu siervo y he hecho todo esto en obediencia a tu palabra. ¡Respóndeme, Señor, respóndeme, para que esta gente reconozca que tú, Señor, eres Dios y estás haciendo que su corazón se vuelva a ti!". En ese momento, cayó el fuego del Señor y quemó el holocausto, la leña, las piedras y el suelo, y hasta lamió el agua de la zanja. Cuando vieron esto, todos se postraron y exclamaron: "¡El Señor es Dios! ¡El Señor es Dios!".
>
> —1 Reyes 18:36-39

El Señor respondió con fuego. El fuego del Señor consumió todo: el sacrificio, la leña, el agua e incluso las piedras del altar. El Señor dejó claro que él es Dios.

Intercambio espiritual

Los altares son lugares de intercambio espiritual, ya sea demoníaco o divino. El altar del Señor es el lugar donde te encuentras con Dios. Él está en el centro; Dios es el enfoque. El altar es un lugar al que Dios viene. Es un altar de alabanza y adoración al Dios verdadero y vivo. Cuando llegas al altar, encuentras a Dios; ese es un lugar de transformación.

El altar también es el lugar donde se ofrecen sacrificios. Ya no tenemos que sacrificar animales en el altar del Señor porque el sacrificio de Jesús en la cruz del Calvario cubrió todos nuestros pecados de una vez por todas. Pero todavía podemos hacer un sacrificio en el altar del Señor. Podemos ofrecer un sacrificio de alabanza. Hebreos 13:15 dice: "Así que ofrezcamos continuamente a Dios, por medio de Jesucristo, un sacrificio de alabanza, es decir, el fruto de los labios que confiesan su nombre".

También podemos ofrecer un sacrificio de acción de gracias al Señor a través de nuestras acciones, por medio de la manera en que bendecimos a otros, y haciendo justicia, amando la misericordia y caminando humildemente con el Señor. Hebreos continúa diciendo: "No se olviden de hacer el bien y de compartir con otros lo que tienen, porque esos son los sacrificios que agradan a Dios" (v. 16). Al Señor le encanta cuando compartimos su amor con otros en palabra y acción. Pero el sacrificio que más le agrada es cuando nos ofrecemos a nosotros mismos y nos convertimos en sacrificios vivos para la gloria del Señor.

> Por lo tanto, hermanos, tomando en cuenta la misericordia de Dios, ruego que cada uno de ustedes, en adoración espiritual, ofrezca su cuerpo como sacrificio vivo, santo y agradable a Dios. No se amolden al mundo actual, sino sean transformados mediante la renovación de su mente. Así podrán comprobar cómo es la voluntad de Dios: buena, agradable y perfecta.
>
> —Romanos 12:1-2

Este es el intercambio espiritual en el altar del Señor: nos ofrecemos como sacrificios vivos, siguiendo la Palabra del Señor y buscando y llevando a cabo su voluntad para nuestras vidas, y él nos transforma. Nos hace cada vez más parecidos a Jesús, el autor y consumador de nuestra fe. En el altar encontramos la gloria del Señor, y eso nos cambia: "Así, todos nosotros, que con el rostro descubierto reflejamos como en un espejo la gloria del Señor, somos transformados a su semejanza con más y más gloria por la acción del Señor, que es el Espíritu" (2 Corintios 3:18).

Lo que es aún más precioso es que podemos trabajar juntos, como cuerpo de Cristo, para construir un altar de alabanza.

Cristo es la piedra viva, desechada por los seres humanos, pero escogida y preciosa ante Dios. Al acercarse a él, también ustedes son como piedras vivas, con las cuales se está edificando una casa espiritual. De este modo llegan a ser un sacerdocio santo, para ofrecer sacrificios espirituales que Dios acepta por medio de Jesucristo ... Pero ustedes son descendencia escogida, sacerdocio regio, nación santa, pueblo que pertenece a Dios, para que proclamen las obras maravillosas de aquel que los llamó de las tinieblas a su luz admirable. Ustedes antes ni siquiera eran pueblo, pero ahora son pueblo de Dios; antes no habían recibido misericordia, pero ahora ya la han recibido.

—1 Pedro 2:4-5, 9-10

Cuando te muevas en el espíritu y la unción de Elías, serás rechazado por los hombres. Pero está bien, porque has sido elegido por Dios y eres precioso a sus ojos. Eres una piedra viva, una de muchas que está siendo utilizada para construir el reino de Dios en la tierra. Has sido llamado fuera de la oscuridad hacia su maravillosa luz, cubierto por su misericordia y redimido por su gracia para que puedas compartir el amor, la gracia, la misericordia y el perdón del Señor Dios todopoderoso con las personas que han apartado sus corazones de él. Has sido llamado a ser un sacrificio vivo, no cediendo al temor del hombre, sino más bien hablando la verdad con valentía y amor para llamar a esta generación al arrepentimiento y al regreso.

Cuando vienes al altar de adoración y tu corazón está en el lugar correcto, cuando acudes al altar para adorar al Señor en espíritu y en verdad, se produce el intercambio espiritual. Vienes con tu adoración. A cambio, recibes las bendiciones de Dios. Obtienes el favor de Dios. Recibes paz. Consigues gozo. Obtienes amor. Misericordia, gracia y perdón. Tienes libertad. Recibes esperanza. Pasas de gloria en gloria mientras el Señor te transforma para hacerte más y más como Jesús. Y lo mejor de todo, tienes la oportunidad de tener una relación con el Rey de reyes y Señor de señores, el Creador de toda la tierra, el Dios altísimo, el Ungido, el Santo, el Señor que provee, el Señor que protege, el Señor que salva, el Señor que sana, el Señor que redime.

Cuando los falsos profetas clamaron a Baal mientras danzaban alrededor del altar que habían construido, decían: "¡Oh Baal, escúchanos!" (1 Reyes 18:26). La palabra hebrea para *escuchar,* utilizada en el pasaje, significa observar, prestar atención y responder. Elías usó la misma palabra cuando oraba al Señor. Y ¿no es eso lo que necesitamos de Dios? Necesitamos que nos vea, necesitamos que nos escuche y atienda nuestros clamores por ayuda, necesitamos que nos preste atención y nos comprenda, y que nos responda cuando lo llamamos. El Dios verdadero y vivo hace todas esas cosas.

Sin embargo, cuando busques a un dios falso, a un ídolo, para que haga todas esas cosas, te decepcionarás. Un dios falso, no importa cuán maravilloso parezca, nunca puede ocupar el lugar del Señor. Él es quien te creó, quien te conoce personal e íntimamente, quien tiene un buen plan para tu vida para darte un futuro y una esperanza, quien obra todas las cosas juntas para tu bien, y quien te ama mucho más de lo que puedes imaginar. Cuando recurres a un dios falso para satisfacer tus necesidades, todo lo que recibes es decepción, dolor, esclavitud, desesperación y silencio.

Cuando decides adorar en el altar de un ídolo, en vez de bendiciones, atraes maldiciones sobre ti mismo. Muchas personas se ciegan ante esto y piensan que no hay nada de malo en ello, pero están siendo engañadas. Satanás es el padre de las mentiras (Juan 8:44). Él viene para robar, matar y destruir (Juan 10:10). Puede que haga que tus ídolos sean agradables por un tiempo, pero a la larga te llevarán a tu destrucción. El enemigo te recompensará por una temporada, pero es un beneficio temporal derivado de vender tu alma al diablo.

En vez de favor, obtienes fracaso. En lugar de paz, recibes turbulencia. En vez de alegría, lo que logras es tristeza. En lugar de amor, obtienes un corazón lleno de odio y miedo. En vez de misericordia, gracia y perdón, obtienes condenación y juicio. En lugar de libertad, obtienes esclavitud. En vez de esperanza, recibes desesperación. En lugar de volverte más y más como Jesús, te vuelves más y más como el mundo y su gobernante. Y lo peor de todo, te pierdes la oportunidad de tener relación con el Señor. Ese es el intercambio espiritual cuando vas a los altares de los ídolos, cuando adoras a falsos dioses, cuando das lugar a lo demoníaco, cuando tienes un corazón lleno de idolatría.

La iglesia hoy ha llegado a un punto en el que tenemos mucha adoración a los ídolos. Ídolo es cualquier cosa que pongas por encima de tu adoración al Señor. Cualquier dios que no sea Jesús es un falso dios. Si no estás adorando al Dios vivo y verdadero, estás adorando ídolos. Hemos construido altares privados para nuestros ídolos particulares, para personas, cosas y sistemas y no para el Señor Dios todopoderoso. El dinero y el consumismo son ídolos muy comunes. El orgullo es otro muy corriente. Pero la verdad es que Dios juzgará nuestro orgullo. La Palabra dice: "Antes del quebrantamiento es la soberbia, y antes de la caída la altivez de espíritu" (Proverbios 16:18). También advierte que si estás "envanecido de orgullo [puedes] caer en la misma condenación que el diablo" (1 Timoteo 3:6).

Las personas quieren poder sin Dios, pero el verdadero poder solo viene de él. El poder que ofrece el mundo es una trampa. Piensa en todas las cosas que la gente sacrifica para obtener poder mundano: sus familias, su carácter, su salud, el bienestar de los demás, sus relaciones con el Señor... El costo es grande y el poder, separado del Señor, nunca te traerá alegría ni paz.

Hoy en día, las personas se han vuelto hacia todo tipo de falsos dioses, ídolos y lo oculto. Un artículo de *Newsweek* de 2018, informó que se estima que 1.5 millones de estadounidenses practican la brujería.[1] Para ponerlo en perspectiva, Hawái ocupa el puesto cuarenta de cincuenta estados en términos de población y solo tiene 1.4 millones de personas. Eso significa que la población de brujas es mayor que la población de once estados diferentes.

El engaño relacionado con estas prácticas es real. En un artículo reciente en *Essence*, una bruja estableció paralelismos entre la brujería y el cristianismo, diciendo: "Un conjuro y una oración son lo mismo".[2] Permíteme ser clara: la brujería es demoníaca. (Ver Deuteronomio 18:10-14).

EL ENGAÑO EN LA IGLESIA

Todo tipo de engaño está infiltrándose en la iglesia. Las personas son seducidas por doctrinas de demonios. Hay libros que conectan al cristianismo con la brujería, las chacras, las cartas del tarot, la astrología y muchas otras prácticas demoníacas y ocultistas. Eso no debería ser así, pero cuando la iglesia ya no está fundamentada en la Palabra de Dios, cuando los creyentes comienzan a seleccionar versículos bíblicos a su favor para aplicarlos a sus vidas, cuando los pastores ya no advierten a las ovejas sobre los peligros que enfrentan, es demasiado fácil ser engañado.

No creas que las acciones de los profetas de Baal carecen de relevancia hoy en día. Uno de los resultados de su adoración a los ídolos fue la autoflagelación: "Comenzaron entonces a gritar más fuerte y, como era su costumbre, se cortaron con cuchillos y lanzas hasta quedar bañados en sangre" (1 Reyes 18:28). A medida que nuestra cultura se aleja más y más del Señor, la supremacía de la autoflagelación está aumentando. Una investigación informó que el 7.6 por ciento de los estudiantes de *tercer grado*, en el estudio, se habían autolesionado sin intención suicida (NSSI, por sus siglas en inglés). Estamos hablando de niños de ocho años que se cortan a sí mismos. El porcentaje de estudiantes de noveno grado involucrados en este tipo de comportamiento fue aun mayor, con un 12.7 por ciento.[3] Las tasas de NSSI en adolescentes y adultos jóvenes durante toda la vida están entre el 15 y el 20 por ciento.[4] Las visitas a salas de emergencia relacionadas con lesiones autoinfligidas entre niñas de diez a catorce años aumentaron un 18.8 por ciento de 2009 a 2015.[5] Eso es desgarrador.

Por eso no es suficiente derribar los altares demoníacos y dejar el espacio vacío, porque terminará aún peor que antes. (Ver Mateo 12:43-45). Los Elías necesitan reconstruir los altares del Señor.

Reconstruye el altar del Señor

Reconstruir el altar del Señor y ejecutar su justicia son parte de la misión de aquellos que caminan en el espíritu y la unción de Elías.

> Entonces Elías dijo a todo el pueblo:
> —¡Acérquense a mí!
> Así lo hicieron. Y como estaba en ruinas el altar del Señor, Elías lo reparó.
>
> —1 Reyes 18:30

Elías invitó al pueblo a acercarse y a ser testigos. Deseaba que las personas observaran personalmente sus acciones. Demostró un profundo respeto por el altar del Señor. No solo los profetas de Baal ignoraron la importancia del altar, sino que el pueblo de Dios tampoco comprendía su verdadero significado. Además, el altar necesitaba restauración, ya que había sido tratado con falta de respeto por los seguidores de Baal. La mención de las doce tribus sirvió como recordatorio del glorioso linaje del pueblo. Se diferenciaban de otras naciones, fueron elegidos como el pueblo del pacto de Dios y posesión preciada. Su herencia era sagrada, remontándose a los tiempos de Moisés y los patriarcas venerados: Abraham, Isaac y Jacob.

En el contexto de los Elías o profetas modernos, reconstruir el altar de Dios representa la restauración y el avivamiento de la verdadera adoración, del fervor espiritual y del retorno a las verdades fundamentales de la fe. A continuación tenemos algunas formas en que los Elías modernos pueden participar en la reconstrucción del altar de Dios:

- Proclamando la verdad. Los Elías modernos son llamados a proclamar audazmente la verdad de la Palabra de Dios, confrontando la falsedad y el engaño. Desafían las normas culturales que se desvían de los estándares de Dios.

- Reviviendo la adoración apasionada. Los Elías de hoy inspiran y guían a otros a una sincera y vehemente adoración a Dios. Promueven el avivamiento de una adoración que va más allá de los rituales o la rutina para que los creyentes ofrezcan su genuino amor, adoración y entrega a Dios.
- Oración e intercesión. Los Elías modernos comprenden el poder de la oración y la intercesión en la reconstrucción del altar de Dios. Buscan fervientemente el rostro de Dios, intercediendo por individuos, comunidades y naciones.
- Confrontando la idolatría. Así como Elías confrontó a los profetas de Baal, los Elías modernos desafían los sistemas idolátricos que existen en todas partes. Exponen a los falsos dioses y las creencias falsificadas que han infiltrado la sociedad y la iglesia.
- Sanidad y restauración. Los Elías de esta generación participan en ministerios de sanidad, liberación y restauración. Ayudan a reconstruir vidas rotas y a llevar a las personas de vuelta a un punto de integridad y rendición a Dios.
- Modelando una vida de santidad. Los Elías modernos se esfuerzan por tener vidas de santidad e integridad, sirviendo como ejemplos a seguir. Inspiran a otros a reconstruir sus propios altares personales de consagración y devoción a Dios.

A través de estas acciones y actitudes, los Elías modernos participan proféticamente en la reconstrucción del altar de Dios. Desempeñan un papel vital en la restauración de los fundamentos de la fe, el avivamiento y la verdadera adoración, llevando a individuos y a la iglesia a experimentar una relación renovada y vibrante con Dios.

CÓMO CONFRONTAR LA IDOLATRÍA

Confrontar la idolatría en la iglesia del siglo veintiuno implica abordar las diversas formas de adoración y devoción que pueden infiltrarse sutilmente en nuestras vidas y comunidades. A continuación tenemos algunos aspectos en cuanto a confrontar la idolatría en la iglesia moderna:

- Exponer las creencias y las enseñanzas falsas. La iglesia moderna debe discernir y abordar las enseñanzas e ideologías falsas que pueden llevar a prácticas idolátricas. Eso incluye confrontar instrucciones que distorsionan la verdadera naturaleza de Dios, comprometen las verdades bíblicas o elevan la sabiduría humana por encima de la Palabra de Dios.

- Desafiar el materialismo y el consumismo. En una cultura impulsada por el consumismo, la iglesia debe enfrentar la idolatría de las posesiones materiales, la riqueza y las compras compulsivas. Esto implica un cambio de perspectiva en cuanto a pasar de la búsqueda de ganancias materiales a abrazar un estilo de vida de mayordomía, generosidad y contentamiento.

- Abordar la idolatría del yo. El egocentrismo y la autorrealización pueden convertirse en ídolos en la iglesia moderna. Debemos animar a los creyentes a negarse a sí mismos, tomar su cruz y vivir enfocados en los propósitos de Dios y las necesidades de los demás.

- Confrontar la idolatría del éxito y la celebridad. La iglesia es susceptible de idolatrar el éxito, la fama y la búsqueda del reconocimiento personal. Abordar esta idolatría implica valorar la humildad, el liderazgo servicial y la exaltación de Dios en lugar de buscar el reconocimiento personal o construir plataformas para la autopromoción.

- Promover la verdadera adoración y la relación con Dios. La iglesia del siglo veintiuno debe poner un énfasis renovado en la adoración auténtica y cultivar una relación profunda e íntima con Dios. En un ambiente de adoración sincera, la presencia de Dios es reverenciada, su Palabra es honrada y las vidas son transformadas.
- Enfatizar la supremacía de Cristo. Debemos recordarles a los creyentes la supremacía de Jesucristo y que solo él es el camino, la verdad y la vida. Ninguna otra persona, ideología ni objeto puede reemplazar su lugar central en nuestras vidas.
- Cultivar el discipulado y la formación espiritual. La iglesia debe priorizar el discipulado y la formación espiritual deliberada. Esto implica enseñar a los creyentes a reconocer y abordar las tendencias idolátricas, desarrollar una base sólida en la verdad bíblica y fomentar un estilo de vida de transformación continua en Cristo.

Es importante confrontar la idolatría con amor, gracia y humildad. Al abordar estas áreas idolátricas, la iglesia moderna puede crear un ambiente que promueva un profundo amor por Dios, en el que su presencia sea exaltada y su gloria sea magnificada. Los Elías modernos muestran una fe y una confianza inquebrantables en Dios, creyendo en su poder para realizar lo imposible. Ellos operan en lo sobrenatural, moviéndose en medio de señales, maravillas y milagros liberando el poder transformador del Espíritu Santo.

Comprenden la autoridad que tienen y, al igual que Elías, muestran discernimiento y precisión profética. Son sensibles a los tiempos y las estaciones, revelando verdades ocultas, brindando claridad y pronunciando palabras proféticas estratégicas que se alinean con los propósitos de Dios.

Los profetas modernos con el espíritu y la unción de Elías están llamados a confrontar audazmente el clima espiritual predominante, exponer la idolatría, liberar el poder del Espíritu Santo, hablar la verdad con precisión, interceder de manera ferviente, reconstruir el altar de la verdadera adoración y traer transformación y avivamiento a sus esferas de influencia. Ellos juegan un papel vital en la preparación del camino para la venida del Señor y el establecimiento de su reino en la tierra.

La Palabra dice: "Pero se acerca la hora, y ha llegado ya, en que los verdaderos adoradores rendirán culto al Padre en espíritu y en verdad, porque así quiere el Padre que sean los que le adoren. Dios es espíritu y quienes lo adoran deben hacerlo en espíritu y en verdad" (Juan 4:23-24). Ha llegado el momento de dejar de adorar al Señor solo con palabras o por tradición u obligación y sin voluntad detrás de ello. Dios quiere una adoración pura. Quiere los corazones, las voces y las manos de aquellos que lo aman y buscan obedecerlo elevados hacia él en alabanza. Desea sacrificios vivos, piedras vivas. Quiere que lo adoremos en palabra y con hechos. Quiere que lo adoremos en espíritu y en verdad.

Cuando Elías reconstruyó el altar, dio el primer paso para llamar a los hijos de Israel de vuelta a la adoración verdadera. Habían caído muy bajo, pero el enfrentamiento en el monte Carmelo les recordó la verdad. Tornaron sus corazones al Dios vivo y, de inmediato, comenzaron a adorar, cayendo sobre sus rostros y declarando la verdad: "El Señor es Dios; el Señor es Dios" (1 Reyes 18:39).

Sin embargo, la tarea de Elías también incluía implementar la justicia del Señor. Después de que terminó el enfrentamiento, Elías ejecutó a todos los profetas de Baal. En tiempos del Antiguo Testamento, la justicia se ejecutaba de manera diferente, por eso Elías mató a los profetas de Baal. Pero hoy tenemos el poder del Espíritu Santo. Tenemos la capacidad de expulsar demonios como lo hizo Jesús. Por tanto, ejecutamos justicia no matando a las personas poseídas u oprimidas por demonios, sino expulsando a los demonios y enviándolos adonde Jesús les diga que vayan.

A causa de Jesús, la misericordia triunfa sobre el juicio. Sin embargo, aún debemos confrontar a los falsos profetas y a los espíritus demoníacos, como el espíritu de Jezabel o el espíritu religioso, con la Palabra de Dios. Necesitamos ser las voces que claman: "La palabra de nuestro

Dios permanece para siempre" (Isaías 40:8). Isaías 58:1 (RVR1960) dice: "Clama a voz en cuello, no te detengas; alza tu voz como trompeta, y anuncia a mi pueblo su rebelión, y a la casa de Jacob su pecado". Los Elías necesitan estar clamando con voces como de trompetas para llamar al pueblo a volver al Señor.

Dios se moverá con milagros, señales y maravillas para juzgar a los espíritus demoníacos, pero también para descubrir el engaño en acción y hacer que los corazones de su pueblo se tornen a él. A través del poder de la liberación, se juzga a los principados. Los Elías ejecutan la justicia de Dios mediante la oración, confrontando la idolatría, abordando las doctrinas falsas, predicando y a través de milagros, señales y maravillas.

Los Elías de hoy tienen que atar al hombre fuerte y expulsar esos espíritus (Mateo 12:29). Es hora de libertar a los cautivos.

El ayuno que he escogido, ¿no es más bien romper las cadenas de injusticia y desatar las correas del yugo, poner en libertad a los oprimidos y romper toda atadura?

—Isaías 58:6

Así que, si el Hijo los libera, serán ustedes verdaderamente libres.

—Juan 8:36

Hay muchas personas que están perdidas y sufriendo porque se han apartado del Señor. Pero Dios todavía los ama y quiere que vuelvan a él. Él los está buscando para traerlos de vuelta, para sanarlos, restaurarlos, libertarlos, liberarlos de la esclavitud y bendecirlos una vez más para que sepan en lo más profundo de sus corazones que son hijos de Dios.

Porque así dice el Señor Dios: "Yo mismo buscaré a mis ovejas y las buscaré. Como el pastor busca su rebaño el día en que está entre sus ovejas dispersas, así buscaré mis ovejas y las libraré de todos los lugares donde fueron dispersadas en un día nublado y oscuro ... Buscaré lo perdido, y haré volver lo descarriado, y vendaré al herido, y fortaleceré al débil ... Haré con ellos un pacto de paz ... Así sabrán que yo soy el Señor su Dios, y ellos, la casa de Israel, son mi pueblo", dice el Señor Dios.

—Ezequiel 34:11-12, 16, 25, 30

Dios está a punto de derribar todo ídolo demoníaco. Pero, adivina quién va a usar. El espíritu de Elías vuelve los corazones al Señor, pero también destruye el hedonismo. Elías fue llamado a arrancar y destruir completamente el mal en la tierra, y los Elías de hoy tienen el mismo llamado. Que se levanten los predicadores de justicia. Que caigan los altares demoníacos. Que los altares del Señor sean edificados con piedras vivas. Y que los hijos de Dios lo adoren en espíritu y en verdad.

Capítulo 7

El poder de la oración persistente

*E*L ASPECTO INTERCESOR de la unción de Elías es fundamental para llevar a cabo la obra para la cual este profeta es enviado. Las oraciones de los Elías de hoy están destinadas a mover el cielo y estremecer la tierra. Este poderoso nivel de oración no viene sin que el profeta haya sido separado y refinado en el arroyo de Querit, su experiencia en el desierto. El tiempo oculto en medio de la aridez desarrolla la relación fundamental con el Señor que es necesaria para que los Elías escuchen claramente a Dios y luego oren para que su voluntad se cumpla en la tierra.

Elías, con su visión profética, escuchó el sonido de la lluvia mucho antes de que hubiera algún indicio físico de su llegada. Esto ilustra la capacidad que tienen los profetas para percibir lo que aún no se manifiesta en el ámbito espiritual y traerlo a la existencia en la tierra. Esta revelación sirve como una fuerza impulsora para persistir en la oración. A través de su conexión íntima con Dios, los profetas pueden discernir los planes y propósitos que él ha ordenado. Vislumbran el futuro y las intenciones de Dios para su pueblo y para el mundo. Esta percepción les permite orar con una fe inquebrantable, alineando sus ruegos con la voluntad de Dios y colaborando con él para llevar a efecto los resultados deseados.

Cuando los profetas escuchan el sonido de la lluvia en el espíritu, se enciende una sensación de urgencia y perseverancia en la oración. Ellos entienden que aunque la manifestación puede no ser visible de inmediato, la orden divina es persistir en buscar la intervención de Dios y hacer realidad las promesas de él. Sus oraciones se convierten en un poderoso catalizador para la transformación y el cumplimiento de los propósitos de Dios en la tierra.

El ímpetu profético para persistir en la oración proviene de la profunda convicción de que Dios es fiel a su Palabra. Los profetas reconocen que sus oraciones tienen potencial para cambiar las atmósferas espirituales, desmantelar la oposición espiritual y liberar las bendiciones y los avances de Dios en el ámbito natural.

Esta comprensión del ámbito espiritual y el papel de la oración impulsa a los profetas a seguir adelante, aun cuando las circunstancias parezcan sombrías o contrarias. Ellos encuentran fuerza en su visión profética, son conscientes de que los planes de Dios son inmutables y que sus oraciones persistentes se alinean con el cronograma divino.

Los profetas tienen la capacidad especial de ver lo que está a la espera de existir en el ámbito espiritual y conducirlo a su manifestación en la tierra. Esta revelación sirve como un catalizador para la persistencia en la oración, sustentando su fe inquebrantable y su compromiso de interceder hasta que las promesas de Dios se hagan realidad. Los profetas comprenden el poder de sus oraciones y continúan orando, conscientes de que Dios es fiel y que sus oraciones persistentes se alinean con sus propósitos divinos.

La declaración de Elías en cuanto a que no llovería (1 Reyes 17:1) y su posterior mandato de que lloviera (1 Reyes 18:41-42) fue, en efecto, una batalla profunda que mostró la soberanía de Dios sobre los elementos y el enfrentamiento entre el verdadero Dios de Israel y los falsos dioses adorados en ese tiempo.

Su declaración de que no habría lluvia no fue simplemente una predicción climática, fue una proclamación profética que reveló la autoridad y el poder del Dios al que servía. Al declarar la sequía, Elías estaba desafiando la predominante creencia en Baal, una deidad cananea muy asociada con el control de la lluvia y la fertilidad. En ese acto,

Elías estaba confrontando la supuesta dominación del falso dios sobre la naturaleza.

El dramático desafío de Elías en el monte Carmelo (1 Reyes 18) enfatizó aún más la batalla espiritual. Organizó un enfrentamiento entre los profetas de Baal y él mismo para demostrar de una vez por todas quién controlaba verdaderamente los elementos. Los profetas de Baal invocaron fervientemente a su dios para que enviara fuego, pero sus esfuerzos fueron en vano. En contraste, la única oración de Elías al Dios de Israel resultó en un fuego consumidor descendiendo del cielo, demostrando la verdadera autoridad divina sobre la naturaleza.

Cuando Elías declaró: "Ya se oye el ruido de un torrentoso aguacero" (1 Reyes 18:41), no solo anunció el fin físico de la sequía, sino que también simbolizó la victoria espiritual del verdadero Dios sobre los dioses falsos. Su posterior oración por la lluvia y la respuesta inmediata de un aguacero torrentoso destacaron la soberanía de Dios y la conexión de Elías con lo divino.

En un sentido más amplio, las acciones de Elías reflejaron la constante batalla espiritual entre el único Dios verdadero y la idolatría que había invadido la tierra. A través de estos acontecimientos, Dios reveló su supremacía sobre la naturaleza y su disposición a vindicar su nombre ante el pueblo de Israel.

Esta narrativa también es importante para la iglesia de hoy. Nos recuerda, a los creyentes, que la autoridad de Dios se extiende sobre toda la creación, y que él sigue teniendo el control incluso de los elementos más elementales del mundo. Eso nos anima a depositar nuestra confianza en el Todopoderoso, sabiendo que él puede hacer intervenciones milagrosas y generar transformación ante desafíos aparentemente insuperables.

La firme postura de Elías contra los dioses falsos también sirve como un llamado a confrontar y desafiar a los ídolos y las creencias falsas de nuestro tiempo. Así como Elías se mantuvo firme en su declaración en cuanto a la soberanía de Dios, la iglesia de nuestros días está llamada a proclamar audazmente la verdad del evangelio y resistir las influencias del secularismo, el materialismo y otras modalidades de idolatría.

La declaración de Elías, en esencia, y la subsiguiente batalla por la lluvia destacan la supremacía del único Dios verdadero y su autoridad sobre todos los aspectos de la creación, incluyendo los elementos. Además, sirve como un recordatorio de que Dios siempre tiene el control y que vindicará su nombre ante los desafíos a su soberanía.

Persistencia sin vergüenza

Esta es una época crucial en la historia de la humanidad. La depravación moral, las dificultades físicas y financieras, y el declive espiritual han dejado a las personas empobrecidas en diversos aspectos maneras. Una oscuridad profunda cubre la faz de la tierra. Muchos individuos pueden mirar el estado actual del mundo y pensar que no hay esperanza, que todo está perdido, y que el ciclo descendente simplemente continuará; por lo que todos podrían rendirse ante ello. Pero eso es una mentira del enemigo. Él está haciendo todo lo posible para robar, matar y destruir la esperanza. Pero hay esperanza, en Jesús. Dios prometió, en el Salmo 2:8, que le daría —a Jesús— las naciones por heredad y los confines de la tierra por posesión. De modo que las naciones pertenecen a Jesús. Es hora de que aquellos que caminan en el espíritu y la unción de Elías comiencen a interceder en nombre de las naciones para que sean devueltas a su legítimo dueño. Por eso, los Elías de hoy deben persistir en la oración.

Según el diccionario, *persistir* significa "continuar decididamente ... insistir en la repetición de una expresión". La persistencia en la oración es una característica del espíritu y la unción de Elías. Aquellos que tienen la unción de Elías no se rinden después de orar por algo una sola vez. Más bien, oran una y otra vez, continuando decididamente y presionando su caso con el Señor hasta que ven que sus oraciones se cumplen.

Los Elías oran para que se manifieste la voluntad de Dios en la tierra. Esa es una disciplina espiritual que desarrollan cuando pasan tiempo en el riachuelo de Querit. Una vez que cultivan esa habilidad, le piden al Señor cosas basadas en su amor por ellos y por todos sus hijos. Dios es nuestro Padre celestial, a él le encanta dar buenos regalos a sus hijos

(Lucas 11:13). Eso permite que los Elías de hoy oren por avivamiento, revelación, reforma, redención, renovación, arrepentimiento, retorno y restauración. Pueden interceder por un despertar espiritual en nombre de sus familias, sus comunidades, sus ciudades, sus naciones y el mundo. La tierra, toda su plenitud y los que la habitan son del Señor (Salmos 24:1), lo que significa que nuestra intercesión puede influir en toda la tierra. No tenemos que quedarnos de brazos cruzados y ver cómo nuestra nación desciende cada vez más en la idolatría. Podemos pedirle a Dios que intervenga, y lo hará.

Después del enfrentamiento en el monte Carmelo, Elías le dijo a Acab: "Anda a tu casa, y come y bebe, porque ya se oye el ruido de un torrentoso aguacero" (1 Reyes 18:41). Ten en cuenta que hubo una sequía durante tres años, porque Elías oró por eso. Acab había visto lo suficiente como para creerle a Elías, así que se fue a comer y a beber, tal como le dijo Elías.

Elías subió a la cima de la montaña y se inclinó para orar. Luego le dijo a su criado que mirara hacia el mar. Su sirviente miró y dijo que no veía nada. Así que Elías le insistió en que mirara de nuevo. Y nuevamente el criado no vio nada. Eso sucedió una y otra vez. Fue solo después de que Elías hubiera orado la séptima vez que el criado dijo: "Desde el mar viene subiendo una nube. Es tan pequeña como una mano" (1 Reyes 18:44). La sequía finalmente estaba llegando a su fin. Sin embargo, aunque Elías conocía su tarea, aun cuando sabía que la sequía terminaría, aunque estaba orando bajo la inspiración del Espíritu Santo, tuvo que orar siete veces más antes de que sucediera. Todavía tuvo que persistir en la oración.

Cuando el hijo de la viuda de Sarepta murió, Elías sabía cuál era su tarea. Sabía lo que el Señor le estaba instando a hacer. Pero Elías clamó al Señor por la vida del niño tres veces antes de que Dios lo devolviera a la vida. Una vez más, Elías tuvo que persistir en la oración.

En ambas ocasiones, Elías no dudó de su tarea. No dudó de la palabra que el Señor le había hablado. Siguió orando hasta ver la respuesta.

Cuando Dios no responde de inmediato, el enemigo intentará hacer que vaciles. Tratará de hacer que dudes de tu llamado, de tu tarea y de tu capacidad para escuchar al Señor correctamente. Sin embargo, cuando estás actuando en el espíritu y la unción de Elías, no puedes dejar que las semillas de duda del enemigo se arraiguen en tu corazón y en tu mente. Cuando el enemigo intenta sembrar una semilla de duda, levántate con fe y sigue orando.

Jesús contó la siguiente parábola:

> "Había en cierto pueblo un juez que no tenía temor de Dios ni consideración de nadie. En el mismo pueblo había una viuda que insistía en pedirle: 'Hágame usted justicia contra mi adversario'. Durante algún tiempo él se negó, pero por fin concluyó: 'Aunque no temo a Dios ni tengo consideración de nadie, como esta viuda no deja de molestarme, voy a tener que hacerle justicia, no sea que con sus visitas me haga la vida imposible'".

—LUCAS 18:2-5

El propósito declarado de la parábola era "que los hombres siempre deben orar y no desanimarse" (ver Lucas 18:1). Es demasiado fácil rendirse cuando nuestras oraciones no son respondidas la primera vez que las pronunciamos, pero debemos seguir orando. En esa parábola, hasta un juez injusto estuvo dispuesto a responder a una pobre viuda debido a su persistencia. Sin embargo, el Señor no es un juez injusto. El Salmo 9:8 dice: "[Él] Juzgará al mundo con justicia; gobernará a los pueblos con equidad". Otros salmos añaden que juzgará "a los pueblos con su verdad" y "con equidad" (Salmos 96:13; 98:9). La justicia y la rectitud son el fundamento de su trono; su misericordia y su verdad van delante de él (Salmo 89:14). Además de todo eso, Dios es un buen Padre. Dadas todas esas cosas, podemos confiar en que cuando persistimos en la oración, él ha de responder según su voluntad y su tiempo.

Muchos de nosotros estamos familiarizados con Lucas 11:9-10: "Así que yo digo: Pidan y se les dará; busquen y encontrarán; llamen y se les abrirá. Porque todo el que pide, recibe; el que busca, encuentra y al que llama, se le abre". Pero antes de que Jesús dijera que pidas, busques y llames, preparó el escenario con una ilustración:

Supongamos —continuó— que uno de ustedes tiene un amigo y a medianoche va y le dice: "Amigo, préstame tres panes, pues se me ha presentado un amigo recién llegado de viaje y no tengo nada que ofrecerle". Y el que está adentro le contesta: "No me molestes. Ya está cerrada la puerta y mis hijos y yo estamos acostados. No puedo levantarme a darte nada". Les digo que, aunque no se levante a darle pan por ser amigo suyo, sí se levantará por su impertinencia [o insistencia] y le dará cuanto necesite.

—Lucas 11:5-8

Cuando leemos el pasaje en castellano, perdemos parte del significado que es muy claro en el griego. La palabra traducida como "impertinencia" [que para nuestros fines se refiere a la insistencia] es *anaideia*, y significa importunidad, o ser excesivamente persistente en buscar lo que quieres o necesitas. *Anaideia* proviene de dos palabras griegas, una que significa "vergüenza" y la otra es una partícula negativa. Al unir las dos palabras, significa sin vergüenza. Sin embargo, la única versión que traduce la palabra *anaideia* como "persistencia sin vergüenza" (Lucas 11:8), es la Biblia Amplificada (en inglés).

El griego también nos da una idea de lo que Jesús estaba diciendo que hiciéramos. Los verbos pedir, buscar y llamar —en el versículo 9— están en tiempo presente imperativo activo. Eso significa que son comandos destinados a ser un proceso continuo. Es como cuando el médico te dice que hagas ejercicio. No te está diciendo que des una vuelta alrededor de la cuadra y ya está, no vas a necesitar hacer ejercicio nunca más. Al contrario, te está diciendo que sigas haciendo ejercicio habitualmente. Es lo mismo en el pasaje de Lucas: Jesús estaba diciendo que pidieras y siguieras pidiendo, que buscaras y siguieras buscando, que llamaras y siguieras llamando.

Cuando persistimos, recibimos. Cuando persistimos en buscar, encontramos. Cuando persistimos en llamar, las puertas se abren. La persistencia es clave. Insisto, dado que Dios es un buen Padre que se deleita en dar buenos regalos a sus hijos, podemos confiar en que nos responderá.

Podemos confiar en que nos dará exactamente lo que necesitamos. Podemos confiar en que hará que todas las cosas funcionen para nuestro bien. Podemos confiar en que él hará todo lo necesario para ayudarnos a cumplir nuestras tareas en la tierra; él enviará lluvia o la detendrá, resucitará a los muertos, enviará provisión milagrosa, sanará a los enfermos, dejará caer su fuego, moverá montañas, calmará tormentas o hará lo que sea necesario para llamar a su pueblo a regresar a él.

Cuando estás caminando en el espíritu y la unción de Elías, debes persistir en la oración. Si vamos a ver avivamiento, reforma y restauración en nuestra nación, debemos tener una determinación fija para ver la bondad de Dios en la tierra de los vivientes. Necesitamos ser persistentes, insistentes y tenaces en la oración.

Oración e intercesión

Fuera del Antiguo Testamento y los evangelios, Elías solo se menciona —por su nombre— dos veces en la Biblia, una en Romanos y otra en el Libro de Santiago; y ambas menciones aparecen en el contexto de la oración.

Romanos 11:2 dice: "¿O no sabéis qué dice de Elías la Escritura, cómo invoca a Dios…?" La palabra griega para *invocar* significa rogar, encontrarse con alguien con el propósito de suplicar, orar, implorar o hacer intercesión. Los profetas con el espíritu de Elías son intercesores. Interceden ante el Señor en nombre de otros, suplicándole favor o rogándole que actúe contra las fuerzas demoníacas que están en juego en una situación dada. Persisten en suplicar para que la mano del Señor se mueva.

La otra mención de Elías es en un pasaje conocido:

> Por eso, confiésense unos a otros sus pecados y oren unos por otros, para que sean sanados. La oración del justo es poderosa y eficaz. Elías era un hombre con debilidades como las nuestras. Con fervor oró que no lloviera y no llovió sobre la tierra durante tres años y medio. Volvió a orar, y el cielo dio su lluvia y la

tierra produjo sus frutos. Hermanos míos, si alguno de ustedes se extravía de la verdad y otro lo hace volver a ella.

—Santiago 5:16-19

La estrecha conexión de Elías con Dios le permitía conocer la voluntad de Dios y recibir su unción, lo que le permitía orar de acuerdo a esa voluntad y saber que el Señor respondería. Él era un hombre natural con pasiones e inclinaciones normales, pero Dios le dio una unción especial para que fuera persistente e intercediera en nombre de una nación.

Elías tenía una unción del Señor que le daba la resistencia para persistir hasta ver resultados. Oraba con fervor y sinceridad. Tenía confianza en el Señor. Puesto que tenía la unción del Señor, sabía que estaba orando según su asignación. Una vez que tenemos la tarea que el Señor nos asigna, es nuestra responsabilidad orar fervientemente y mantenernos en la voluntad de Dios mientras cumplimos nuestra asignación y entregamos el mensaje que el Señor nos ha dado.

El poder de la justicia

El Libro de Santiago se refiere a "la oración eficaz del justo" (5:16). Todos esos adjetivos son importantes para las oraciones de aquellos que andan en el espíritu y la unción de Elías. La justicia es, en efecto, un aspecto crucial para los profetas —y para todos los creyentes— en su batalla contra los poderes de las tinieblas.

Para confrontar y superar eficazmente los poderes de las tinieblas, los profetas deben sostener la justicia como principio fundamental. La justicia actúa tanto en forma de escudo protector como de una fuente de autoridad espiritual. Establece una sólida base moral y ética, alineando a los profetas con el carácter y los propósitos de Dios.

Al abrazar la justicia, los profetas muestran un compromiso de vivir de acuerdo a los mandamientos y los valores de Dios. Esto incluye la integridad, la honestidad, la pureza, la búsqueda de la justicia y la misericordia. Tal estilo de vida capacita a los profetas para caminar en armonía con Dios, escuchar su voz claramente y discernir las estrategias del enemigo.

Las fuerzas de las tinieblas buscan socavar la justicia y explotar las áreas de tolerancia o falta de rectitud. Sin embargo, los profetas que persiguen diligentemente la justicia se fortalecen contra los ataques del enemigo. Su vivir justo actúa como un disuasivo, limitando la influencia de las fuerzas demoníacas y exponiendo las obras de las tinieblas.

Además, la justicia funge como fuente de autoridad espiritual para los profetas. Cuando sus vidas se caracterizan por la rectitud, poseen una habilidad intensificada para ejercer la autoridad del reino de Dios. Sus palabras y sus acciones tienen peso, y sus oraciones se convierten en armas poderosas contra las fuerzas del mal.

Es importante tener en cuenta que la rectitud no es solo un producto del esfuerzo humano. Los profetas confían en la gracia de Dios y en la obra capacitadora del Espíritu Santo para vivir en rectitud. A través de una relación profunda e íntima con Dios, los profetas reciben el poder habilitador para vivir justa y píamente, a fin de combatir la oscuridad que intenta perturbar los propósitos de Dios.

La justicia y la rectitud constituyen la marca distintiva de Dios para los verdaderos profetas. A medida que los profetas se esfuerzan por vivir justamente, se alinean con los propósitos de Dios, disciernen su instrucción y se convierten en instrumentos efectivos para hacer avanzar su reino en la tierra.

Debes tener una relación con el Señor para asegurarte de que tus oraciones sean escuchadas, pero también necesitas caminar ante él con rectitud. Isaías 59:2 dice: "Son las iniquidades de ustedes las que los separan de su Dios. Son estos pecados los que lo llevan a ocultar su rostro para no escuchar". Salmos 66:18 dice: "Si en mi corazón hubiera yo abrigado maldad, el Señor no me habría escuchado". El pecado no confesado, especialmente el habitual, pone una pared de separación entre el Señor y tú. Por eso necesitas lidiar con tu pecado. Está atento, especialmente, a cualquier problema con el que el Señor trató durante tu tiempo en el arroyo de Querit. No permitas que esos problemas regresen y se arraiguen en tu corazón otra vez. Cuando peques, arrepiéntete inmediatamente. No le des al diablo un punto de apoyo.

El no perdonar es otra sombra de injusticia que puede perturbar tu oración. Jesús dijo: "Y cuando estén orando, si tienen algo contra alguien, perdónenlo, para que también su Padre que está en el cielo perdone a ustedes sus ofensas" (Marcos 11:25). Un hombre o una mujer justa necesita tener un corazón libre de amargura y falta de perdón. Cuando tienes la unción de Elías, estarás bajo el ataque de otros. Pero debes reconocer que el diablo es el que realmente está detrás de ese ataque y necesitas perdonar a los que se dejan usar por él. No permitas que ninguna semilla de amargura crezca en tu corazón, porque las raíces amargas son difíciles de eliminar.

En Santiago 5:16, "poderosa y eficaz" son, en realidad, una sola palabra en griego: *energeō*. Viene de la misma raíz del término del que obtenemos energía, y significa ser activo, trabajar, ser poderoso, ser eficaz, ser ferviente. En otras palabras, ¡significa que necesitas hacer algo! La oración es algo activo, no pasivo. Cuando los Elías de hoy oran, hay poder en sus oraciones para lograr cosas. Son fervientes en sus ruegos, lo que significa que son celosos, sinceros y diligentes. Sus oraciones también son efectivas, lo que significa que las cosas suceden cuando los Elías oran.

Como los Elías de este tiempo que somos, Dios nos ha dado autoridad. No solo tenemos poder para orar, sino también la autoridad para hacerlo porque Dios nos ha dado permiso. Cuando Dios te ha dado una asignación y la autoridad para llevarla a cabo, debes ejercer esa autoridad. Dios nos da una unción como profetas para contender con fervor hasta que veamos la respuesta.

El poder y la autoridad trabajan juntos

Jesús dijo: "Pero cuando venga el Espíritu Santo sobre ustedes, recibirán poder y serán mis testigos tanto en Jerusalén como en toda Judea y Samaria, hasta los confines de la tierra" (Hechos 1:8). También dijo: "Les aseguro que el que cree en mí también hará las obras que yo hago y aun las hará mayores, porque yo vuelvo al Padre" (Juan 14:12), y: "Les aseguro que todo lo que ustedes aten en la tierra quedará atado en el cielo y todo lo que desaten en la tierra quedará desatado en el cielo" (Mateo 18:18). Jesús nos otorgó poder para hacer obras aun mayores al darnos al Espíritu Santo, pero también nos dio la autoridad para hacer esas obras. Nos dio tanto poder como autoridad, y ambas cosas trabajan juntas.

Sin embargo, si el poder de alguien proviene del reino demoníaco en lugar de venir del Señor, cualquier autoridad que tengan es ilegal. El Señor responde solo a la autoridad legítima. Lo mismo ocurre con los ángeles.

Debemos entender la diferencia entre poder y autoridad. En Lucas 10:19, Jesús usa tanto las palabras poder como autoridad para transmitir aspectos distintos de su don a sus discípulos. Comprender la diferencia entre estos términos puede proporcionar una visión más profunda del versículo.

Poder, *dunamis* en griego, se refiere a la fuerza inherente, la capacidad o la potencia que uno posee. En Lucas 10:19, cuando Jesús dice: "Sí, les he dado autoridad a ustedes para pisotear serpientes y escorpiones y vencer todo el poder del enemigo; nada les podrá hacer daño", la palabra "pisotear" indica un acto físico de dominación o victoria sobre los enemigos. El poder que Jesús confiere a sus discípulos es la capacidad sobrenatural o la fuerza para vencer y prevalecer sobre los ataques y planes del enemigo. Es el poder para realizar actos milagrosos y experimentar intervención divina.

Autoridad, en griego *exousia*, se refiere al derecho o permiso delegado para ejercer poder o control sobre un dominio particular. En el mismo versículo, cuando Jesús dice: "les he dado autoridad ... [para] vencer todo el poder del enemigo", otorga a sus discípulos la autoridad para ejercer dominio y gobierno sobre las fuerzas de la oscuridad. Esta autoridad proviene del propio Jesús, ya que delega su poder divino a sus discípulos, capacitándolos para actuar en su nombre y de acuerdo a su voluntad.

En esencia, el poder representa la fuerza inherente o la potencia, mientras que la autoridad se refiere al derecho o permiso delegado para ejercer ese poder. Jesús les da a sus discípulos tanto el poder para vencer y conquistar al enemigo como la autoridad para actuar en su nombre, llevando a cabo sus propósitos.

Es importante señalar que la distinción entre poder y autoridad no implica una separación o jerarquía entre ambas cosas. Más bien, trabajan en conjunto, con la autoridad permitiendo el uso y la aplicación adecuados del poder. A través del poder y la autoridad dados por Jesús, sus discípulos están equipados para enfrentar y triunfar sobre las fuerzas de la oscuridad y promover el avance del reino de Dios.

Incluso los espíritus malignos conocen la diferencia entre la autoridad legal e ilegal:

> Algunos judíos que andaban expulsando espíritus malignos intentaron invocar sobre los endemoniados el nombre del Señor Jesús. Decían: "¡En el nombre de Jesús, a quien Pablo predica, les ordeno que salgan!". Esto lo hacían siete hijos de un tal Esceva, que era uno de los jefes de los sacerdotes judíos. Un día el espíritu maligno les respondió: "Conozco a Jesús y conozco a Pablo, pero ustedes ¿quiénes son?". Y abalanzándose sobre ellos, el hombre que tenía el espíritu maligno los dominó a todos. Los maltrató con tanta violencia que huyeron de la casa desnudos y heridos.
>
> —Hechos 19:13-16

Elías, aunque era un ser humano como nosotros, no tenía habilidades especiales que nosotros no tengamos. Sin embargo, sus oraciones cerraron los cielos, los volvieron a abrir, resucitaron a los muertos e invocaron fuego del cielo. Elías simplemente se mantuvo delante del Señor, y el Señor lo ungió para llevar a cabo su misión.

Has sido elegido por Dios para esta misión, para esta generación, para este tiempo. Jeremías 1:5 afirma: "Antes de formarte en el vientre, ya te había elegido; antes de que nacieras, ya te había apartado; te había nombrado profeta para las naciones". Por su parte, Jesús dijo: "No me escogieron ustedes a mí, sino que yo los escogí a ustedes y los comisioné para que vayan y den fruto, un fruto que perdure. Así el Padre les dará todo lo que pidan en mi nombre" (Juan 15:16). Has sido escogido, y los escogidos persiguen a Dios. Se aferran a él como lo hizo Jacobo cuando luchó con el Señor, y no lo sueltan hasta obtener una respuesta.

Cuando tienes la unción de Elías y eres guiado por la unción del Espíritu Santo, tienes el poder y la autoridad para pronunciar oraciones efectivas y fervientes que tienen mucho poder. Tienes la unción para contender por la voluntad de Dios de manifestarse en la tierra. Tienes la determinación de seguir pidiendo con un clamor urgente desde tu espíritu. Y después de pedirle, comienzas a buscarlo. Pasas a otro nivel, en el que sigues buscándolo: buscando su rostro, buscando su voluntad, buscando su presencia, buscando su consejo. Buscas diligentemente respuestas y estrategias. Luego empiezas a golpear, orando para que el Señor abra las puertas, de modo que puedas cumplir tu misión y hacer que los corazones de las personas se tornen hacia el Señor.

Capítulo 8

Milagros reformadores

*E*L MINISTERIO DE Elías se caracterizaba por los milagros. Estos fueron parte de su llamado, parte de su misión. Eran manifestaciones físicas del mensaje que le fue dado. Los milagros que Dios realizó a través de Elías fueron demostraciones poderosas operando para revivir, reformar y restaurar a su pueblo y llevarlo de vuelta a él. Cada milagro proporciona un hito o señal de aviso para ayudarnos a identificar las intenciones de Dios y sus deseos con su pueblo.

Los milagros reformadores que el Señor operó a través de Elías mostraban su justa ira ante las cosas que les robaba el corazón de su pueblo y lo alejaba de él. Esos milagros muestran el compromiso de Dios en cuanto a defender y resguardar a su pueblo de las influencias malignas y la infiltración demoníaca. Aunque la destrucción a veces puede sentirse negativa y lamentemos lo que parece que estamos perdiendo, Dios destruye cosas que nos separan de él como muestra de su abrumador amor por nosotros. Él lucha por nosotros. Por eso hará cualquier milagro para intentar llamar nuestra atención y que volvamos nuestros corazones hacia él.

REFORMAS

Reforma implica modificación. Reformar significa "poner o cambiar algo en una forma o condición mejorada; enmendar o mejorar algo mediante un cambio de forma o eliminar defectos o abusos; poner fin a (un mal) mediante la aplicación o introducción de un método o curso de acción mejor; inducir a alguien a abandonar los malos caminos... de modo que cambie y mejore". Cuando los hijos de Dios caen en malos caminos, deben ser reformados. Necesitan arrepentirse, apartarse completamente de su maldad y volver al Señor. Necesitan poner fin a su pecado y su idolatría, de forma que elijan la rectitud, la santidad y la vida.

La palabra griega para *reforma* significa enderezar completamente. El vocablo hebreo para *reformar* es *yāsar*. Significa disciplinar, enseñar, instruir, castigar, corregir, reformar, mejorar, renovar, rectificar o amonestar. Se utiliza en pasajes como:

Y si con estas cosas no fuereis *corregidos*, sino que anduviereis conmigo en oposición, yo también procederé en contra de vosotros, y os heriré aún siete veces por vuestros pecados.

—Levítico 26:23-24, énfasis añadido

Desde el cielo les permitió escuchar su voz para *instruirles*. Y en la tierra les permitió ver su gran fuego desde el cual les habló.

—Deuteronomio 4:36, énfasis añadido

Reconoce en tu corazón que, así como un padre *disciplina* a su hijo, también el Señor tu Dios te disciplina a ti.

—Deuteronomio 8:5, énfasis añadido

La iglesia actual se encuentra en una necesidad crítica de reforma, muy similar a como Israel lo estuvo durante los días del profeta Elías. Así como la reforma fue necesaria para que Israel preparara el camino con el fin de que la gloria de Dios fuera revelada, la iglesia también requiere una renovación y una transformación para allanar el camino a la manifestación de la gloria de Dios.

En los días de Elías, Israel se alejó de los mandamientos de Dios, abrazando la idolatría y la inmoralidad, lo que llevó a la decadencia espiritual y a un distanciamiento del verdadero culto del Todopoderoso. De manera similar, la iglesia contemporánea enfrenta desafíos como la complacencia, la división y la tolerancia con los valores del mundo, diluyendo la pureza de su fe y su mensaje.

La reforma en la iglesia busca lograr un retorno a las verdades fundamentales del evangelio, un avivamiento de la fe genuina y una restauración de las enseñanzas elementales de Cristo. Implica un examen profundo de doctrinas, prácticas y actitudes, con el compromiso de realinearse con la Palabra de Dios y su voluntad.

Así como el ministerio profético de Elías instaba a tornar sus corazones al único Dios verdadero, el llamado actual a reformar urge a los creyentes a arrepentirse y buscar una relación renovada con Dios. A través del arrepentimiento genuino y el avivamiento, la iglesia puede una vez más experimentar el poder y la presencia del Espíritu Santo, lo que ha de conducir a un crecimiento transformador y un despertar espiritual.

Las reformas no tienen que ver simplemente con corregir errores o abordar problemas superficiales; constituyen un proceso profundo de buscar el rostro de Dios, humillarse ante él y rendirse a su voluntad. Requiere una disposición para dejar de lado las tradiciones humanas y las preferencias que se han alejado de las verdades bíblicas para abrazar los caminos de Dios.

El propósito de la reforma en la iglesia es preparar el camino para que la gloria de Dios se manifieste plenamente en la vida de los creyentes y en la iglesia en su conjunto. Implica una restauración del fervor espiritual, la pasión por la justicia y un compromiso profundo con la santidad. Cuando la iglesia implementa reformas y vuelve a su primer amor por Cristo, prepara el escenario para que la gloria de Dios se revele, transformando vidas, comunidades e incluso naciones con el poder de su presencia.

Mateo 9:16-17 nos dice: "Nadie remienda un vestido viejo con un retazo de tela nueva, porque el remiendo fruncirá el vestido y la rotura se hará peor. Ni tampoco se echa vino nuevo en recipientes de cuero viejo. De hacerlo así, se reventará el cuero, se derramará el vino y los recipientes se arruinarán. Más bien, el vino nuevo se echa en recipientes de cuero nuevo y así ambos se conservan". No podemos tener miedo al cambio. No podemos estar tan arraigados a las tradiciones humanas que dejemos de escuchar al Señor. No podemos darle prioridad a encajar en el mundo y adherirnos a los estándares de la sociedad antes que seguir la Palabra de Dios y predicar la verdad del evangelio a un mundo perdido y moribundo. La iglesia necesita reformarse, cambiar. El cambio es necesario, pero no puede ser un cambio superficial. Esta reforma se trata de comenzar de nuevo, de ser renovados. No solo necesitamos poner una venda. No necesitamos conformarnos al mundo; necesitamos ser transformados por la renovación de nuestra mente. Necesitamos que el Dios de todas las cosas haga "todas las cosas nuevas" (Apocalipsis 21:5).

Estamos en una época en la que no podemos poner un pedazo de tela nueva en un vestido viejo porque el remiendo empeora aún más. Necesitamos acoger el cambio, abrazar las reformas. Por eso Elías fue tan insistente y directo con el pueblo de Israel. Habían construido muchos altares a dioses falsos y se habían apartado del verdadero Dios vivo. Sucumbieron a la presión de la cultura que los rodeaba y se desplomaron. Debido a eso, no podían simplemente poner un pequeño parche en las cosas. Tenían que arrepentirse, derribar los altares falsos y reconstruir completamente el altar del Señor. Tenían que ser reformados.

La cultura de la iglesia ha permitido que la mundanalidad entre en ella y hemos abrazado el secularismo. Es como cuando el cáncer invade el cuerpo humano y comienza a extenderse, moviéndose a través del torrente sanguíneo de un órgano a otro hasta que al fin se extiende por todo el organismo. Si detectas el cáncer temprano y lo tratas, eliminando todas las células malignas, no se propagará porque todo los tumores han desaparecido. Pero una vez que se ha extendido a otras partes del cuerpo, no puedes simplemente eliminar el cáncer del lugar donde comenzó, necesitas deshacerte de todo. Todo tu cuerpo necesita ser sanado, transformado, refrescado, renovado y hecho completo.

La iglesia es el cuerpo de Cristo. Colosenses 1:18 dice: "Él [Jesucristo] es la cabeza del cuerpo, que es la iglesia. Él es el principio, el primogénito de entre los muertos, para ser en todo el primero". Romanos 12:5 dice: "Así que, siendo muchos, somos un cuerpo en Cristo, y todos miembros los unos de los otros". Como cuerpo de Cristo, creo que necesitamos cambiar la forma, la estructura, el sistema, de cómo hacemos iglesia. Este no es el momento de intentar remendar un vestido viejo o poner vino nuevo en odres viejos. Necesitamos abordar los problemas desde la raíz. No podemos, simplemente, remendar el sistema existente o tratar de integrar ideologías mundanas en nuestra fe. Al contrario, debemos arrepentirnos por permitir que la mundanalidad, la corrección política, el secularismo y la tolerancia se infiltren y se propaguen dentro de la iglesia como un cáncer. Debemos desmantelar los falsos altares construidos para complacer a otros y reconstruir el fundamento de la adoración genuina al único Dios verdadero. Para reformar la iglesia, debemos volver a la adoración auténtica, ofreciendo alabanza y adoración a Dios en espíritu y en verdad. Necesitamos enseñar, sin temor, el consejo completo de la Palabra de Dios, declarando sin disculpas el poderoso nombre de Jesús como el único camino a la salvación. Debemos abandonar el miedo o la vergüenza al proclamar la verdad y declarar audazmente que Jesucristo es el único que puede redimir, reformar y restaurar. Al hacerlo, recuperaremos nuestro propósito como cuerpo de Cristo, con Jesús como nuestra cabeza, y viviremos de acuerdo a su preeminencia.

EL PROPÓSITO DE LOS MILAGROS

El Señor realizó milagros reformadores a través de Elías; aunque su propósito no era condenar a las personas, más bien quería que todos volvieran al Señor. Fueron milagros de juicio sobre sistemas demoníacos.

Otro objeto de los milagros es restaurar el temor del Señor en los corazones de los hombres. Así como Israel se había vuelto demasiado familiarizado con Dios, en los tiempos de Elías, nosotros también nos hemos vuelto demasiado familiares con Dios. Esa familiaridad, a menudo, permite que las personas menosprecien fácilmente al Señor o descarten su poder. Cuando Dios produce milagros, hace que nos cuestionemos. Eso despierta asombro por el Señor Dios todopoderoso, creador del cielo y de la tierra. Hace que temblemos ante su Palabra. Nos mueve una vez más a ser personas que se maravillarán y se postrarán para adorarlo en espíritu y en verdad.

Dios está otorgando acceso al reino de los milagros. Estos permanecerán como signos innegables de la presencia del Todopoderoso, mostrando su habilidad divina para intervenir en las leyes de la naturaleza. A medida que la gente sea testigo de esos acontecimientos maravillosos, su fe será fortalecida y un profundo respeto y temor por Dios se encenderá en sus corazones.

Estamos en un tiempo en que necesitamos que los Elías de hoy actúen y prediquen milagros. Necesitamos que crean en Dios, en lo milagroso, porque cada milagro tiene un mensaje. Cada milagro tiene un manto. Cada milagro nos está haciendo avanzar y acercarnos más al Señor.

Detrás de cada milagro está el poder *dunamis* del Espíritu Santo. El Espíritu Santo no nos da su poder milagroso para que podamos construir ministerios más grandes, tener más seguidores en las redes sociales o ganar fama terrenal para nosotros mismos. Nos da su poder *dunamis* para hacer volver los corazones al Padre, que anhela sanar esta nación. Anhela ver a su pueblo volver a él. Que anhela tener a todos sus hijos en una relación correcta con él.

Dunamis (también traducido como *dynamis*) es una palabra griega que a menudo se traduce como "poder".

> Jesús regresó a Galilea en el poder del Espíritu y se extendió su fama por toda aquella región.
>
> —Lucas 4:14

> Un día, mientras enseñaba, estaban sentados allí algunos fariseos y maestros de la Ley que habían venido de todas las aldeas de Galilea y Judea, y también de Jerusalén. Y el poder del Señor estaba con él para sanar a los enfermos.
>
> — Lucas 5:17

> Habiendo reunido a los doce, Jesús les dio poder y autoridad para expulsar a todos los demonios y para sanar enfermedades.
>
> — Lucas 9:1

Pero cuando venga el Espíritu Santo sobre ustedes, recibirán poder y serán mis testigos tanto en Jerusalén como en toda Judea y Samaria, hasta en los confines de la tierra.

—HECHOS 1:8

Esteban, hombre lleno de la gracia y del poder de Dios, hacía grandes prodigios y señales entre el pueblo.

—HECHOS 6:8

Dunamis también significa obras poderosas o fuerza. Cuando andas en el espíritu y la unción de Elías, tienes el *dunamis* del Espíritu Santo en ti. De manera que, cuando hablas la Palabra, cuando predicas el arrepentimiento y la justicia, cuando traes palabras de corrección y reforma, la fuerza del Espíritu Santo estará en tus palabras. Job 6:25 dice: "¡Cuán poderosas son las palabras rectas!". Como profetas Elías, cuando entramos en la presencia de Dios y escuchamos las palabras correctas, estas llevarán la fuerza milagrosa del poder *dunamis* del Espíritu Santo que se manifestará cuando las pronunciemos. Y no solo eso, sino que el Espíritu Santo velará porque esas palabras se cumplan.

Otro significado de *dunamis* es poder. El profeta Isaías escribió acerca de los siete espíritus, los siete flujos del Espíritu Santo: "El Espíritu del Señor reposará sobre él: Espíritu de sabiduría y de entendimiento, Espíritu de consejo y de poder, Espíritu de conocimiento y de temor del Señor" (Isaías 11:2). Como profetas Elías, necesitamos cada aspecto del Espíritu de Jehová, pero cuando se trata de convocar lo milagroso, necesitamos el Espíritu de poder. Cuando portas el espíritu y la unción de Elías, Dios hará que la unción de poder descienda sobre ti, y harás cosas que nunca has soñado ni imaginado. El Espíritu de poder impulsa. Tiene la capacidad de catapultarte. El Espíritu de poder te da la capacidad de operar milagros reformadores bajo la dirección del Señor.

Dunamis también significa fuerza. Una fuerza poderosa está llegando para los profetas Elías en esta hora, fuerza que viene con la unción del Señor: la unción *dunamis*. Los Elías estarán llenos del conocimiento de la voluntad de Dios en toda sabiduría y entendimiento espiritual. Los Elías de hoy necesitan ser fortalecidos en sus corazones y sus mentes. Debido a los ataques que el enemigo traerá contra ellos, necesitan la fuerza *dunamis* del Espíritu Santo para defenderse. Necesitan el milagroso *dunamis* del Espíritu para no ceder ante el rechazo, el temor al hombre, la autocompasión ni a ninguno de los otros peligros a los que son propensos. La Escritura habla de "los hombres que se desmayan por temor" (ver Lucas 21:26). Sin embargo, en lo particular, decreto y declaro que la fuerza de Dios vendrá sobre todos aquellos llamados a ser profetas Elías en esta era, y que serán fuertes en el Señor y en el poder de su fuerza.

Dunamis también significa habilidad y poder milagroso. El poder milagroso está a nuestra disposición por el Espíritu del Señor; por eso, es hora de que los Elías de hoy se levanten y exijan ese poder, para ver milagros realizarse.

EL MILAGRO DE LA SEQUÍA

El primer milagro reformador fue el de la sequía. Como sabes, sequía es ausencia de lluvia. En una sociedad agrícola, la lluvia lo es todo: sin ella, los cultivos se secan, no hay nada que cosechar y la gente no tiene comida para comer ni cultivos para vender, con lo cual suplir otras necesidades. Cuando llega la lluvia, llega la cosecha. Cuando llega la lluvia, llega el fresco. La lluvia es símbolo de fecundidad y de abundancia. Es un símbolo de bendición, sobre todo bendición financiera en una cultura agraria. Por eso, cuando el Señor retiene la lluvia, eso representa que retiene su bendición.

Uno de los dioses falsos a los que Israel adoró, en lugar del Señor, era Baal. Entre otras cosas, se creía que Baal era el dios de la lluvia y el rocío, el dios del cielo y los elementos. Era al que los paganos oraban y ofrecían sacrificios con el fin de que los bendijera con la cantidad adecuada de lluvia para que sus cultivos crecieran y florecieran. Así que cuando Elías le dijo a Acab: "Tan cierto como que vive el Señor, Dios de Israel, a quien yo sirvo, te aseguro que no habrá rocío ni lluvia en los próximos años, hasta que yo lo ordene" (1 Reyes 17:1), eso fue un ataque intencional y directo contra Baal.

Baal también era el dios de la riqueza y la prosperidad. Es más, su nombre significa señor o dueño. Por tanto, insisto, retener la lluvia —y con ello la bendición económica— fue un ataque directo a las mentiras de un falso dios.

Durante los siguientes tres años, independientemente de lo que la gente se atreviera a hacer para que Baal hiciera llover, nunca hubo lluvia. Hay que tener en cuenta que Israel era la Tierra Prometida, la tierra de la leche y la miel. Cuando Moisés envió por primera vez espías a la Tierra Prometida, regresaron con un solo racimo de uvas tan grande que tuvo que ser trasladado colgado en un poste que llevaban entre dos hombres. La sequía claramente no era un problema que enfrentaban típicamente. De modo que, cuando comenzó la sequía y se extendió por más de tres años, Dios estaba demostrando que no era Baal el que controlaba la lluvia y el rocío; no era Baal la fuente de la riqueza y la bendición económica, sino el Señor. Dios se reveló como el poder supremo sobre todos los ámbitos: la atmósfera, los cielos, la tierra, debajo de la tierra. Los salmos hablan de su poder sobre la creación y todo lo que hay en ella:

> Sea alabado el nombre del Señor, porque él dio una orden y todo fue creado. Todo quedó afirmado para siempre; emitió un estatuto que no será abolido. Alaben al Señor desde la tierra los grandes animales marinos y las profundidades del mar, el rayo y el granizo, la nieve y la neblina, el viento tempestuoso que obedece su palabra, los montes y todas las colinas, los árboles frutales y todos los cedros, los animales salvajes y los domésticos, los reptiles y las aves, los reyes de la tierra y todas las naciones, los príncipes y los gobernantes de la tierra, los jóvenes y las jóvenes, los ancianos y los niños.
>
> —Salmos 148:5-12

Dios creó la tierra y todo lo que hay en ella, tanto que incluso el viento tormentoso y el clima cumplen con la Palabra de él. Cuando Dios habla y dice que no habrá lluvia, Baal —ni cualquier otro falso dios o entidad demoníaca— tiene poder para hacer llover. Y cuando Dios dice que va a llover, Baal no tiene poder para detenerlo.

Con el milagro de la sequía, Dios estaba revelando su grandeza a un pueblo que había olvidado cuán grande es él realmente. Olvidaron su bondad, su misericordia y su gracia. La sequía fue un llamado de atención para el pueblo en cuanto a la verdadera fuente de sus bendiciones. El Señor también se estaba vindicando a sí mismo, a su Palabra y a su soberanía, así como a su unción sobre los profetas.

La sequía fue un milagro que dio inicio la reforma. Fue un juicio para los hijos de Israel a causa de su idolatría, pero también fue el clamor de un Dios amoroso a su pueblo diciéndole: "¡Vuélvanse a mí! ¡Vengan a casa! ¡No se dejen engañar por las mentiras del enemigo! ¡Yo soy la verdadera fuente de todo lo que ustedes necesitan!".

Cuando Elías declaró esa sequía, todavía vivía en aquella tierra y tendría que seguir haciéndolo para cumplir el llamado que Dios hizo a su vida. Pero incluso ante esa sequía, Dios lo sostuvo. Elías nunca pasó hambre; nunca pasó sed. Dios satisfizo todas sus necesidades. Primero le proveyó para su sustento en el arroyo de Querit y más tarde usó a la viuda de Sarepta. Tanto el riachuelo como la viuda eran parte del plan de Dios para Elías.

Cuando andas en el espíritu y la unción de Elías, el Señor puede llamarte a declarar una sequía en la tierra, ya sea física o espiritual. Pero solo porque declares la sequía no significa que vas a sufrir sus consecuencias. Dios hará ciertas cosas en tu vida por las cuales nadie más podrá recibir la gloria. El Señor se revelará como el sustentador de tu vida, cualesquiera sean las circunstancias.

El segundo milagro reformador fue el del fuego. El enfrentamiento en el monte Carmelo se centró en "el Dios que respondiere por medio de fuego" (1 Reyes 18:24 RVR1960). No importa lo que los profetas de Baal hicieran ese día en la montaña, no hubo respuesta de su falso dios. Clamaron, saltaron y hasta se cortaron sus cuerpos, pero solo hubo silencio.

Cuando llegó el turno de Elías, fue una historia diferente. Él orquestó las circunstancias para asegurarse de que nadie más que el Señor pudiera recibir el crédito por el fuego que estaba a punto de caer. Empapó con agua el altar y el sacrificio de arriba a abajo. Sin embargo, llegado el momento, cuando invocó al Señor para que enviara fuego y que la gente supiera que el Señor era Dios y volviera sus corazones hacia él, "cayó el fuego del Señor y quemó el holocausto, la leña, las piedras y el suelo, y hasta lamió el agua de la zanja" (1 Reyes 18:38).

El fuego del Señor representa muchas cosas. Por ejemplo, el fuego del Espíritu Santo, que apareció en forma de lenguas ardientes sobre los discípulos en el Aposento Alto (ver Hechos 2:3). Además, el Señor fue delante de los hijos de Israel a través del desierto durante cuarenta años con una columna de fuego por la noche (Éxodo 13:21). Otra ocasión fue cuando Moisés se encontró con el Señor en la cima del monte Sinaí —"el Señor descendió sobre [el monte] en fuego"— y cuando "la apariencia de la gloria del Señor era como un fuego consumidor en la cima del monte a los ojos de los hijos de Israel" (ver Éxodo 19:18; 24:17). El Señor habló con Moisés "cara a cara en el monte desde en medio del fuego" (Deuteronomio 5:4). La Palabra de Dios es como fuego (Jeremías 23:29). Tanto en el tabernáculo como en el templo, se hacían ofrendas por fuego al Señor. Además, el Salmo 104:4 dice que el Señor "hace a los vientos sus mensajeros, a las llamas de fuego sus servidores".

El fuego también purifica y refina. Cuando Isaías fue llamado a ser profeta y vio al Señor sentado en su trono, clamó: "¡Ay de mí! ¡Estoy perdido! Porque soy un hombre de labios impuros y vivo en medio de un pueblo de labios impuros; pues mis ojos han visto al Rey, el Señor Todopoderoso". Entonces un serafín tomó una brasa viva del altar y tocó los labios de Isaías con ella y dijo: "Mira, esto ha tocado tus labios; tu culpa ha sido quitada y tu pecado perdonado" (Isaías 6:5, 7). También dice la Escritura:

Pero ¿quién podrá soportar el día de su venida? ¿Quién podrá mantenerse en pie cuando él aparezca? Porque será como fuego de fundidor o jabón de lavandero. Se sentará como fundidor y purificador de plata; purificará a los levitas y los refinará como se refinan el oro y la plata. Entonces traerán al Señor ofrendas conforme a la justicia,

—Malaquías 3:2-3

El fuego representa, frecuentemente, un acto o símbolo de juicio. Por ejemplo, cuando Dios "hizo llover azufre y fuego sobre Sodoma y Gomorra" (Génesis 19:24). Otra vez fue cuando "Aconteció que el pueblo se quejó de las dificultades que estaba sufriendo. Al oírlos el Señor, ardió en ira y su fuego consumió los alrededores del campamento" (Números 11:1). Otra vez fue cuando el Señor le dijo a Jeremías: "Porque dijeron esta palabra, he aquí yo pongo mis palabras en tu boca por fuego, y a este pueblo por leña, y los consumirá" (Jeremías 5:14 RVR1960). Y cuando Nadab y Abiú, hijos de Aarón y sacerdotes del Señor, ofrecieron fuego extraño delante del Señor, entonces "salió de la presencia del Señor un fuego que los consumió y murieron ante él" (Levítico 10:2).

En este contexto, el *fuego* se refiere a una ofrenda no autorizada o incorrecta presentada a Dios. En un sentido espiritual más amplio, ese fuego se refiere a prácticas, creencias o acciones que se consideran inaceptables o contrarias a los principios verdaderos de una fe o tradición religiosa particular. Puede significar adoración no autorizada, enseñanzas falsas o cualquier cosa que se aparte de la manera auténtica y prescrita de conectarse con lo divino. El llamado profético de Elías, una unción que confronta y desmantela a los falsos profetas y el fuego extraño, se encenderá una vez más dentro del cuerpo de Cristo. En este tiempo presente, habrá un aumento de prácticas engañosas y enseñanzas erróneas que buscan desviar al pueblo de Dios. Pero no temas, porque aquellos ungidos con el espíritu de Elías se levantarán con valentía y convicción. Confrontarán las falsedades, mantendrán la verdad divina y restaurarán la pureza de la adoración y el servicio. A través de su dedicación inquebrantable, se preservará la autenticidad de la fe y la verdadera luz de la Palabra de Dios brillará intensamente, guiando a la iglesia a la justicia y la obediencia. Así que acepta la unción de Elías, porque anuncia una temporada de purificación y despertar espiritual dentro del cuerpo de Cristo.

Los Elías de hoy deben advertir contra la adopción de prácticas que no estén alineadas con los principios y valores fundamentales de la fe. La advertencia sirve como un recordatorio cautelar para mantenerse fiel al camino auténtico y evitar participar en prácticas engañosas o erradas en cuanto a asuntos de espiritualidad y adoración.

Cuando el fuego cayó en el monte Carmelo, primero fue un acto de juicio contra la idolatría y la maldad de los hijos de Israel. Pero también fue un acto de purificación, de refinamiento. Eso sucedió para purificar el altar del Señor. Para quemar las cosas que se habían interpuesto entre el Señor y su pueblo. Para consumir todo lo que no era del Señor a fin de que pudieran reconstruir desde cero y ser reformados y transformados.

El fuego que cayó también fue un acto de empoderamiento. Cuando Dios respondió con fuego, fue una señal del restablecimiento de su presencia en los corazones de su pueblo. Fue una señal incuestionable de su poder en acción para rescatar a sus hijos de su propia insensatez.

Antes de que llegara el fuego, antes de que llegaran los milagros, el Señor usó a Elías para desafiar la lealtad de Israel. Y luego, cuando Elías construyó ese altar de adoración, cayó el fuego. No fue desde una perspectiva de venganza, porque Dios no tiene espíritu de venganza. Estaba tratando de hacer que su pueblo se volviera a él. Envió el fuego para que el espíritu de convicción viniera a ellos. Jesús dijo:

"Si no ven señales y milagros, de ninguna manera creerán".

—JUAN 4:48

Algunas personas no creerán a menos que vean una señal. Como el Señor sabe eso, envió una señal a Israel para que volvieran sus corazones a él.

El mensaje de Elías fue claro: ¡Si el Señor es Dios, síganlo! El Señor envió un milagro para confirmar el mensaje. También confirmó a su mensajero. Cuando eliges los caminos de Dios y reconoces que es más importante ser justo que estar en lo correcto, Dios te aprobará al igual que al mensaje que te ha dado. El camino del justo no es fácil, pero es posible. Y cuando eliges al Señor, él responde con fuego.

El precursor

*J*UAN EL BAUTISTA fue el precursor de Jesús, el Mesías que venía a salvar al mundo. Un precursor es "alguien que precede e indica la aproximación de otro".

La palabra aparece una sola vez en la Biblia, en referencia a Jesús: "La cual tenemos como segura y firme ancla del alma, y que penetra hasta dentro del velo, donde Jesús entró por nosotros como precursor, hecho sumo sacerdote para siempre según el orden de Melquisedec" (Hebreos 6:19-20 RVR1960). La palabra griega para *precursor* se refiere a alguien que va por delante para explorar una ubicación o va por adelantado a un lugar donde otros seguirán.

Aunque el vocablo *precursor* se usa una sola vez en la Biblia, el concepto aparece en muchos lugares. Precursor es alguien que va adelante para preparar el camino y eso es, exactamente, lo que hizo Juan el Bautista por Jesús en su primera venida. Creo que el Señor está levantando profetas Elías en esta hora para que sean los precursores de la segunda venida de Jesús. La Palabra de Dios describe cómo será el mundo en los últimos días antes del regreso de Jesús:

Ahora bien, ten en cuenta que en los últimos días vendrán tiempos difíciles. La gente estará llena de egoísmo y avaricia; serán jactanciosos, arrogantes, blasfemos, desobedientes a los padres, ingratos, impíos, insensibles, implacables, calumniadores, libertinos, despiadados, enemigos de todo lo bueno, traicioneros, impetuosos, vanidosos y más amigos del placer que de Dios. Aparentarán ser devotos, pero su conducta desmentirá el poder de la devoción. ¡Con esa gente ni te metas!

Así son los que van de casa en casa cautivando a mujeres débiles cargadas de pecados, que se dejan llevar por toda clase de pasiones. Ellas siempre están aprendiendo, pero nunca logran conocer la verdad.

—2 Timoteo 3:1-7

No hay duda de que las palabras de Pablo a Timoteo describen el mundo en el que vivimos hoy. Estamos en los últimos tiempos, por lo que necesitamos profetas Elías para que preparen el camino. Dios está levantando precursores modernos, individuos elegidos y ungidos de manera única para cumplir un papel vital. Su misión es preparar el camino para la inminente visitación del Señor.

Como pioneros, estos precursores avanzarán, despejando el camino para que la presencia divina se manifieste en poder y gloria. A través de un ministerio dedicado, llamarán a los corazones de las personas al arrepentimiento, al avivamiento y a una intimidad más profunda con Dios. Encenderán la pasión por la justicia e inaugurarán una temporada de despertar espiritual.

La venida de Juan el Bautista

El ángel que se apareció a Zacarías le dio una clara profecía sobre la tarea de Juan el Bautista:

porque él será un gran hombre delante del Señor. Jamás tomará vino ni licor y será lleno del Espíritu Santo aun antes de su nacimiento. Hará que muchos israelitas se vuelvan al Señor su Dios. Él irá primero, delante del Señor, con el espíritu y la unción de Elías, para reconciliar a los padres con los hijos y guiar a los desobedientes a la sabiduría de los justos. De este modo preparará para el Señor un pueblo bien dispuesto.

—Lucas 1:15-17

Las características espirituales para identificar a los Elías de hoy también se pueden encontrar en las palabras de Lucas 1:15-17.

"Son grandes hombres delante del Señor": estos profetas tendrán un impacto espiritual significativo y serán muy estimados ante Dios por su dedicación y su obediencia. No buscarán la aprobación de los hombres.

"Jamás toman vino ni licor. Se abstienen de las indulgencias mundanas": llevarán una vida de autodisciplina y consagrada, absteniéndose de prácticas que puedan entorpecer su sensibilidad espiritual.

"Llenos del Espíritu Santo": estos profetas estarán profundamente inmersos en el Espíritu Santo y llevarán una unción poderosa desde una edad temprana.

"Harán que muchos se vuelvan al Señor": a través de su ministerio, promoverán el arrepentimiento y guiarán a otros a una relación genuina con Dios.

"Andarán con el espíritu y el poder de Elías": estos profetas caminarán en la unción y la autoridad de Elías, reflejando su audacia, coraje y ferviente dedicación a Dios.

"Reconciliarán a las familias": sanarán las relaciones rotas y restaurarán la armonía en las familias y las comunidades.

"Guiarán a los desobedientes a la sabiduría": mediante la percepción divina, impartirán la sabiduría de Dios a aquellos que se hayan desviado de sus caminos.

"Prepararán al pueblo para el Señor": estos profetas servirán como instrumentos que preparen los corazones de las personas para la venida del Señor, alistándolos para recibirlo con corazones abiertos y arrepentidos.

Al observar estas características espirituales, podemos discernir a los auténticos Elías actuales entre nosotros, que están siendo levantados por Dios para llevar a cabo sus propósitos divinos y marcar el comienzo de su reino en la tierra.

Se profetizó que Juan el Bautista vendría en el espíritu y la unción de Elías. Que iba a ser lleno del Espíritu Santo, incluso en el vientre de su madre, lo cual se cumplió cuando saltó dentro del vientre de Isabel cuando María, embarazada de Jesús, entró en la casa (Lucas 1:41). Tal como lo hizo Elías, hizo que muchos de los hijos de Israel volvieran al Señor. Y como lo profetizó Malaquías, volvió "el corazón de los padres hacia los hijos" (Malaquías 4:6). Todo era para "preparar un pueblo bien dispuesto para el Señor" (Lucas 1:17).

Cuando nacían los niños judíos, sus nombres no se anunciaban públicamente hasta que eran circuncidados a los ocho días de edad. Llegado el momento de dar nombre a Juan, la gente supuso que se llamaría Zacarías, como su padre. Pero tanto él como Elisabet dijeron que su nombre sería Juan, tal como el ángel Gabriel le dijo a Zacarías. El nombre Juan significa "el Señor es un dador misericordioso". Era un nombre apropiado para Juan, tanto porque era un regalo para sus padres, que durante mucho tiempo no habían tenido hijos, como porque prepararía el camino para Aquel que era el regalo más grande y lleno de gracia que el mundo haya conocido jamás: Jesús.

Después que Juan fue nombrado, su padre, Zacarías, fue lleno del Espíritu Santo y profetizó acerca de Jesús redimiendo y salvando a su pueblo en cumplimiento del pacto de Dios con Abraham. También profetizó acerca de Juan, diciendo:

> Y tú, hijito mío, serás llamado profeta del Altísimo,
>> porque irás delante del Señor para prepararle el camino.
> Darás a conocer a su pueblo la salvación
>> mediante el perdón de sus pecados,
> gracias a la entrañable misericordia de nuestro Dios.
>> Así nos visitará desde el cielo el sol naciente,

para dar luz a los que viven en tinieblas
y en sombra de muerte,
para guiar nuestros pasos por la senda de la paz.

—Lucas 1:76-79

Esos versículos son una descripción del llamado y propósito del niño que sería conocido como el profeta del Altísimo. Estas son las características espirituales clave de la misión de este profeta:

Precursor del Señor: este profeta iría delante del Señor para allanar el camino y preparar al pueblo para su venida.

Portador de salvación. Su ministerio traería el conocimiento de la salvación y el perdón de los pecados al pueblo de Dios.

Instrumento de la misericordia de Dios. La obra del profeta sería impulsada por la tierna misericordia de nuestro Dios, extendiendo gracia y compasión a los necesitados.

Portador de la Aurora. Este profeta llevaría el mensaje de la Aurora desde lo alto, representando la llegada de un nuevo amanecer y esperanza para la humanidad.

Portador de luz. El llamado del profeta sería hacer brillar una luz sobre aquellos que habitan en tinieblas y sombra de muerte, ofreciendo esperanza e iluminación.

Guía para la paz. La misión del profeta guiaría a las personas por un camino de paz y reconciliación con Dios

En estos versículos vemos un presagio profético de la obra que Juan el Bautista emprendería como precursor de Jesucristo, preparando el camino para el ministerio salvífico del Salvador y ofreciendo el don de la paz a todos los que creen. Ese es un testimonio poderoso del plan de redención de Dios para la humanidad y del papel de los profetas en el cumplimiento de sus propósitos divinos.

Juan, sin embargo, necesitaba estar preparado para su función. Así que, el siguiente versículo después de la profecía de Zacarías dice: "El niño crecía y se fortalecía en espíritu; y vivió en el desierto hasta el día en que se presentó públicamente al pueblo de Israel" (Lucas 1:80). Ese fue el comienzo del tiempo en el desierto de Juan, uno que duró hasta que cumplió los treinta años y comenzó su ministerio.

Como ya dije, el tiempo en el desierto es de vital importancia para los profetas Elías. Necesitan tiempo escondidos con el Señor para ser refinados, refrescados y renovados. Necesitan ser lavados por el agua de la Palabra. Necesitan pasar tiempo en estrecha comunión con el Espíritu Santo, aprendiendo a escuchar su voz.

Juan el Bautista pasó tres décadas en el desierto. No hay atajos para evadir esa temporada salvaje. Durará tanto tiempo como el Señor crea que lo necesitas. Es un tiempo de espera, que puede impacientar a cualquiera, pero si eres sabio aprovecharás esa temporada para acercarte cada vez más al Señor y llegar a ser cada vez más como Jesús. La preparación que recibes en el desierto te ayudará a cumplir tu tarea y a permanecer en la voluntad de Dios aun cuando vengan problemas y el enemigo ataque.

El mensaje de Juan el Bautista fue sencillo: "¡Arrepiéntanse!". No necesitaba palabras sofisticadas, ni ilustraciones de sermones pegadizas ni atractivas diapositivas de PowerPoint. Simplemente predicó la verdad y fue muy eficaz. Todos se dirigían al desierto para escucharlo predicar: "Entonces acudieron a él Jerusalén, toda Judea y toda la región alrededor del Jordán" (Mateo 3:5). Y aunque es seguro que muchas personas fueron al desierto para entretenerse o, en el caso de los fariseos y saduceos, para criticar y juzgar, Juan el Bautista ciertamente comenzó a hacer que los corazones se volvieran al Señor. La gente era "bautizada por él en el Jordán, confesando sus pecados" (Mateo 3:6).

Juan llamó a los hijos de Israel al arrepentimiento, tal como lo hizo Elías. También les hizo saber que el arrepentimiento no era algo que sucede solo una vez. Necesitaban caminar en rectitud. Necesitaban ser reformados. Por eso les dijo: "Produzcan frutos que demuestren arrepentimiento ...

Todo árbol que no produzca buen fruto será cortado y arrojado al fuego" (Mateo 3:8, 10).

Esta fue una advertencia del fuego del juicio. Juan se dirigía particularmente a los fariseos y a los saduceos, los gobernantes religiosos de la época que se preocupaban más por seguir los rituales y las tradiciones religiosas que por seguir al Señor con corazones y manos puros. Para la mayoría de ellos, su supuesta fe era solo un espectáculo, una producción teatral destinada a hacer que la gente pensara que eran santos y justos. La realidad era —como afirmó el propio Jesús— que "son como sepulcros blanqueados. Por fuera lucen hermosos, pero por dentro están llenos de huesos de muertos y de impurezas" (Mateo 23:27).

El llamado a la justicia es un componente clave de la unción de Elías. Elías llamó al pueblo a caminar en justicia delante del Señor. Juan el Bautista también hizo lo mismo. Y los Elías de hoy también tienen la tarea de llamar a la gente a la justicia, a vivir según la Palabra de Dios, a ser santos y apartados para el Señor.

Juan el Bautista también profetizó acerca de otro fuego: el fuego del Espíritu Santo. Pero en la misma profecía, también advirtió nuevamente sobre el fuego del juicio:

> "Yo los bautizo a ustedes con agua como señal de su arrepentimiento. Pero el que viene después de mí es más poderoso que yo y ni siquiera merezco llevarle las sandalias. Él los bautizará con el Espíritu Santo y con fuego. Tiene el aventador en la mano y limpiará su era recogiendo el trigo en su granero. La paja, en cambio, la quemará con fuego que nunca se apagará".
>
> —Mateo 3:11-12

Esta es la doble naturaleza del fuego del Señor. Por un lado, tenemos el fuego del Espíritu y todos los beneficios que trae. Pero, por otro lado, tenemos el fuego del juicio que viene a purgar y quemar todo lo que no es del Señor. Los Elías de hoy traen ambos tipos de fuego.

Prepara el camino

Isaías profetizó acerca de Juan el Bautista como el precursor de Jesús, cientos de años antes de su nacimiento:

¡Consuelen, consuelen a mi pueblo! —dice su Dios—. Hablen con ternura a Jerusalén y anúncienle que ya ha cumplido servicio obligatorio, que ya ha pagado por su iniquidad, que ya ha recibido de la mano del Señor el doble por todos sus pecados. Una voz proclama: "Preparen en el desierto un camino para el Señor; enderecen en el desierto un sendero para nuestro Dios. Se levantarán todos los valles y se allanarán todas las montañas y colinas; el terreno escabroso se nivelará y se alisarán las quebradas. Entonces se revelará la gloria del Señor, y la verá toda la humanidad. El Señor mismo lo ha dicho". Una voz dice: "Proclama". "¿Y qué voy a proclamar?", respondo yo. "Que todo mortal es como la hierba y toda su gloria como la flor del campo. La hierba se seca y la flor se marchita, porque el aliento del Señor sopla sobre ellas. Sin duda, el pueblo es hierba".

—Isaías 40:1-7

Como precursores del Mesías, aquellos que andan en el espíritu y la unción de Elías, como Juan el Bautista, están preparando el camino para el Señor. Serán una voz que clama desde el desierto, no un eco. La voz será controvertida, pero el grito obligará a los hombres a detenerse y a escuchar. Ellos enderezan los lugares torcidos y suavizan los lugares ásperos.

La palabra hebrea para *torcido* no significa simplemente doblado o no recto; también significa fraudulento, engañoso, insidioso, astuto o contaminado. La palabra hebrea para *áspero* significa atado, intransitable, impedido, duro y calamitoso. Este es el escenario de Elías.

El Elías original fue llamado a una sociedad que se había apartado del Señor y se había vuelto hacia los ídolos. Sus corazones estaban endurecidos, perturbados por la insensibilidad resultante de su pecado. Su cultura había sido contaminada por la idolatría, la brujería, el libertinaje sexual, el sacrificio de niños y muchas otras modalidades de maldad. Juan el Bautista, por otra parte, fue llamado a una sociedad que también se había alejado del Señor. Después de cuatrocientos años de silencio, es posible que muchos hayan olvidado al Señor o hayan pensado que él los había olvidado a ellos. El papel de sumo sacerdote en el templo del Señor se había convertido en una posición política que se podía comprar y vender en vez de ser la posición de un líder espiritual justo de una nación. El templo del Señor fue contaminado por las prácticas engañosas de los cambistas y de los vendedores de animales para el sacrificio, sin mencionar algunos de los propios sacerdotes.

Los Elías de hoy viven en una sociedad que se ha alejado del Señor. Nuestra cultura está impregnada de engaño y fraude. La iglesia ha sido contaminada por la tolerancia, la corrección política y el debilitamiento de la Palabra de Dios. Los corazones de las personas se han endurecido ante el pecado hasta el punto de que ni siquiera reconocen que están encadenados a causa de él.

Sin embargo, aunque Elías llega a lugares torcidos y ásperos, va a enderezarlos y suavizarlos. Ahí es donde entra el llamado al arrepentimiento y a la rectitud. La palabra hebrea para *recto* significa nivelado, recto, imparcial, derecho, justo y justicia. El término traducido como "liso" se refiere a una llanura, un valle llano o una división.

Aquellos que caminan en el espíritu y la unción de Elías vienen con un llamado a vivir con rectitud, a recorrer el camino recto y angosto, a ser rectos en sus palabras y acciones. Vienen a suavizar todas las asperezas causadas por nuestro pecado y a causar una división entre la antigua manera de hacer las cosas y la nueva. Los Elías de hoy abren un camino de santidad para el pueblo de Dios.

Los Elías actuales no se andan con rodeos ni se acobardan ante la intimidación de personas poderosas. Elías fue directo y audaz cuando enfrentó a Acab, Jezabel y los profetas de Baal. Juan el Bautista fue directo y audaz cuando enfrentó a Herodes, Herodías, los fariseos y los saduceos. Y los Elías de nuestros tiempos deben ser directos y audaces cuando se enfrenten a personas con autoridad o líderes religiosos sumidos en la tradición, la maldad o cualquier otra cosa que no sea del Señor.

La tarea y el llamado de nuestros Elías es a preparar. Su tarea es alistar el camino para el Señor haciendo que los corazones se vuelvan a él. También es preparar el camino para la gloria del Señor. Hay una promesa en la profecía de Isaías que dice: "Entonces se revelará la gloria del Señor" (Isaías 40:5). Elías preparó el camino y la gloria del Señor se reveló cuando cayó fuego del cielo, así como cuando ocurrieron sus otros milagros. Juan el Bautista preparó el camino, y la gloria del Señor fue revelada en la persona de Jesucristo, el Mesías, el Cordero de Dios que vino a quitar los pecados del mundo:

> Y el Verbo se hizo carne y habitó entre nosotros, y contemplamos su gloria, gloria como del unigénito del Padre, lleno de gracia y de verdad.
>
> —Juan 1:14

Y después que los Elías de estos tiempos, y de la historia, preparen el camino, la gloria del Señor se revelará no solo en los milagros que ocurran sino también cuando Jesús regrese:

> Entonces se revelará la gloria del Señor, y la verá toda la humanidad. El Señor mismo lo ha dicho.
>
> —Isaías 40:5

Los precursores de esta era están preparando diligentemente el camino para la manifestación y la revelación más magnífica de la gloria de Dios. Cuando su gloria se manifieste, será un espectáculo presenciado por todos, sin excepción. Los críticos quedarán mudos, los escépticos quedarán asombrados y los agnósticos encontrarán fe en abundancia. Incluso los ateos temblarán en presencia del abrumador poder de Dios. Los pecadores se sentirán aterrorizados y los justos se regocijarán en su santa presencia.

Los reincidentes serán movidos al arrepentimiento, y los indiferentes serán sacudidos por su complacencia. Los espiritualmente fervientes arderán de pasión, mientras que aquellos espiritualmente fríos se verán obligados a tomar una decisión que cambiará sus vidas. Tanto los jóvenes como los ancianos experimentarán un toque revitalizador, y los corazones endurecidos enfrentarán el juicio divino. Se recogerá la cosecha de almas y el Padre celestial será glorificado en esta trascendental revelación.

Durante este tiempo incomparable, la humanidad será testigo de manifestaciones innegables de la realidad de Dios. Todos se verán obligados a confesar: "¡En verdad, Dios está entre ellos!". ¡Estoy describiendo la indescriptible y gloriosa realidad que nos espera! Porque somos la generación que muestra el poder de Dios.

LA MANO DEL SEÑOR

Otra característica del espíritu y la unción de Elías es la mano del Señor. La frase *mano del Señor* o *la mano del Señor* aparece varias veces en la Biblia. Algunas de ellas, la mano del Señor se mueve con juicio, como en Deuteronomio 2:15: "La mano del Señor estuvo sobre ellos hasta que los eliminó por completo". Otras veces la mano del Señor trae favor, como le sucedió a Esdras ante el rey de Persia (Esdras 7:6). Y aun en otras ocasiones la mano del Señor muestra el poder sobrenatural del Espíritu Santo.

Después del enfrentamiento en el monte Carmelo, Elías envió a Acab a la montaña a comer y beber. Pero una vez que su siervo confirmó que iba a llover, le dijo: "Engancha el carro y vete antes de que la lluvia te detenga" (1 Reyes 18:44). Acab una vez más siguió las instrucciones de Elías y montó en su carro de regreso a Jezreel en medio de nubes, viento y lluvia intensa.

Luego hubo otro milagro: "La mano de Jehová estuvo sobre Elías, el cual ciñó sus lomos, y corrió delante de Acab hasta llegar a Jezreel" (1 Reyes 18:46 RVR1960). La distancia desde el monte Carmelo hasta Jezreel era de unos veinticinco kilómetros. Para algunas personas, correr esa distancia sería un milagro, pero Elías no solo corrió todo el camino, sino que llegó a Jezreel antes que Acab.

Elías estaba cumpliendo una misión y, aun con todo lo que había sucedido ese día, sabía que necesitaba estar en Jezreel. Estaba en sintonía con el Señor, por eso sabía que su presencia en Jezreel —como la voz del arrepentimiento, la voz de la reforma y la voz del retorno— era vital, porque cada vez que Dios se mueve de una manera tan milagrosa, el diablo hará todo lo que esté a su alcance para que la gente dude, vacile, no crea y se aparte del Señor otra vez. Y eso es precisamente lo que pasó.

Acab, que había comenzado a escuchar a Elías y a prestar atención a la palabra del Señor, fue a su casa y le contó a su esposa, Jezabel, lo que había sucedido. El corazón de Jezabel no se conmovió como para arrepentirse. Ella no cayó de bruces al reconocer que el Señor es Dios. Estaba tan vinculada a la idolatría y la brujería que cuando oyó que Elías había ejecutado a los profetas de Baal, dijo: "¡Que los dioses me castiguen sin piedad si mañana a esta hora no te he quitado la vida como tú se la quitaste a ellos!" (1 Reyes 19:2).

La mano del Señor le dio una fuerza sobrenatural a Elías. Recuerda que los carros representan sistemas de poder creados por el hombre. Pero cuando la mano del Señor está sobre tu vida, tienes la capacidad de superar todo sistema o estructura creada y diseñada por el hombre para detenerte e impedirte cumplir tu tarea. Acab tenía un carro y Elías no, pero eso no iba a interponerse en lo que Dios quería lograr. Cuando el Creador de todas las cosas se involucra, todo es posible. Dios no está sujeto a leyes naturales porque él las inventó. Él es sobrenatural y no hay nada que no pueda hacer, ningún obstáculo que no pueda quitar del camino, ni ningún sistema creado por el hombre que pueda impedirle obrar sus maravillas. El Salmo 20:7 dice: "Estos confían en sus carros de guerra, aquellos confían en sus corceles, pero nosotros confiamos en el nombre del Señor nuestro Dios". Su nombre es poderoso para salvar y su mano es más poderosa que cualquier cosa que el diablo pueda intentar traer contra ti.

Tu diestra, Señor, reveló su gran poder; tu diestra, Señor, despedazó al enemigo.

—Éxodo 15:6

Dios va a acabar con cualquier sistema creado por el hombre que se haya establecido en tu contra. No tienes que jurar lealtad a ninguna persona ni sistema creado por el hombre. Simplemente júrala a Dios. ¿Recuerdas cómo comparó Jesús, cuando hablaba de Juan el Bautista, a su generación con niños que se quejaban de tocar la flauta y de que la gente no bailaba (Mateo 11:16-17)? Tienes la mano del Señor sobre ti, por eso no tienes que bailar ni tocar la flauta. No tienes que intentar encajar en el club de alguien. No tienes que intentar complacer a la gente buscando aprobación. No necesitas hacer las cosas buscando agradar a otros o por una sensación de obligación. El Señor está quebrantando esa mentalidad y te aprueba solo con poner su mano sobre ti.

Elías no fue el único profeta que sintió la mano del Señor sobre él. La mano del Señor vino sobre Eliseo (2 Reyes 3:15) y Ezequiel (Ezequiel 1:3). También sobre Juan el Bautista, porque Lucas 1:66 dice: "Y la mano del Señor estaba con él".

Cuando camines en el espíritu y la unción de Elías, la mano del Señor vendrá sobre ti. Puede darte poder sobrenatural para hacer algo que, de otro modo, sería físicamente imposible, tal como lo hizo Elías. Pero hay otras señales de la mano del Señor reposando sobre ustedes, como provisión, protección, favor, portentos, prodigios y milagros entre otros. En el caso de Elías, también experimentarás "el Espíritu de Jehová; espíritu de sabiduría y de inteligencia, espíritu de consejo y de poder, espíritu de conocimiento y de temor de Jehová" (Isaías 11:2 RVR1960), y con eso vendrá nueva autoridad y un nuevo poder para destruir a los enemigos de tu destino.

Capítulo 10

¿Quién es el verdadero enemigo?

ESPUÉS DE GRANDES victorias, los Elías de hoy deben tener mucho cuidado para guardar y cuidar sus almas, permitiendo que Dios las restaure. El ministerio profético frecuentemente expone a los profetas a situaciones intensas y de alto riesgo, en las que los resultados podrían conducir al éxito o al fracaso, a la aceptación o al rechazo, a la reivindicación o a la humillación, e incluso a la vida o a la muerte. Cuando los profetas tienen un gran éxito, son testigos de victorias y logran un avivamiento significativo, naturalmente esperan aprecio y reconocimiento de los líderes de la iglesia por sus poderosas palabras y acciones proféticas. Sin embargo, no es extraño que esos líderes respondan como lo hizo la reina Jezabel: no con aprecio, sino con rechazo e incluso amenazas perjudiciales. Como resultado, esas reacciones pueden desanimar profundamente a los profetas.

Muchas veces, después de una gran batalla espiritual, los profetas son más vulnerables porque están cansados, hasta agotados, ya que han gastado toda su energía física y espiritual. El enemigo lo sabe y no dudará en lanzar un ataque inmediato para intentar silenciar al profeta en el futuro o incluso sacarlo completamente del escenario causándole una muerte prematura. Pero en cada batalla, cuando andas en el espíritu y la unción de Elías, debes saber quién es el verdadero enemigo.

El mensajero de Jezabel

Imagínate cómo debió haberse sentido Elías. Había sido llamado como profeta para hacer volver los corazones de los hijos de Israel al Señor. Cuando preguntó al pueblo cuánto tiempo dudarían entre dos opiniones y no respondieron, me imagino que el enemigo intentó hacerlo dudar, hacerle temer que lo que estaba haciendo en obediencia al Señor no tendría efecto en cuanto a convertir los corazones.

Entonces cayó el fuego del Señor.

Elías debe haberse sentido abrumado por el gozo y tal vez incluso por el alivio al ver al pueblo caer de bruces ante el Señor y declarar con todo su corazón: "¡El Señor es Dios! ¡El Señor es Dios!" (1 Reyes 18:39). La ejecución de los profetas de Baal también debe haberle traído cierto alivio, sabiendo que no podrían volver a desviar a los israelitas de su fe. Y entonces Acab, el rey que había estado tratando de cazarlo y eliminarlo durante años, pareció estar cambiando de opinión. Cuando Elías le dijo que subiera al monte a comer y beber, Acab obedeció. Cuando Elías le dijo a Acab que regresara a su casa en Jezreel, Acab lo obedeció. Acab ya no estaba discutiendo con Elías ni tratando de matarlo ni condenándolo ni llamándolo perturbador de Israel; estaba haciendo todo lo que Elías le decía que hiciera, a pesar de que era rey y Elías era uno de sus súbditos.

Además de eso, después de una sequía que duró más de tres años, Elías oró y la lluvia se precipitó. Y no fue solo una llovizna, no. Una abundante lluvia empapó la tierra, bendiciendo a la gente y a los campos, refrescando cuerpos y corazones, y lavando el pasado que había estado contaminando la tierra. Entonces la mano del Señor vino sobre Elías, y recibió poder sobrenatural para correr delante del carro de Acab hasta Jezreel. Ver y experimentar al Señor haciendo todas esas cosas en el espacio de un día debe haber tenido a Elías en las alturas espirituales. Había sido fiel en obedecer la unción del Señor, en cumplir su tarea, en caminar a la altura de su llamamiento, y Dios había respondido fielmente y realizado sus maravillosas señales y prodigios. ¡Qué clase de día!

Elías, sin embargo, también debe haber estado cansado. Había sido un largo camino hasta ese momento y, el día, aunque maravilloso, tenía que ser física, emocional y espiritualmente agotador. Y fue entonces cuando llegó el ataque.

Acab contó a Jezabel todo lo que Elías había hecho y cómo había matado a todos los profetas a filo de espada. Entonces Jezabel envió un mensajero a Elías para decirle: "¡Que los dioses me castiguen sin piedad si mañana a esta hora no te he quitado la vida como tú se la quitaste a ellos!".

—1 Reyes 19:1-2

Esa no fue una amenaza vana. El ultimátum de Jezabel fue real y Elías lo sabía. Ella mató a los profetas del Señor antes, por lo que no dudaría en matar otro más, especialmente a uno que había hecho lo que Elías hizo. Elías sabía con quién estaba tratando: una mujer despiadada que odiaba al Dios vivo y a sus mensajeros. Y en una clara demostración de que, incluso los profetas son demasiado humanos, Elías corrió para salvar su vida.

En el siglo veintiuno, el mensajero de Jezabel puede adoptar diversas formas, representando el espíritu de manipulación, intimidación y oposición a los enviados de Dios. Aunque no se trate de una persona física, el mensajero de Jezabel simboliza individuos o influencias que intentan socavar y atacar a quienes defienden la verdad y la justicia de Dios. A continuación tenemos algunas formas en que el mensajero de Jezabel puede manifestarse en los tiempos modernos:

Trolls en línea (o provocadores en las redes) y acoso cibernético. En la era de internet y las redes sociales, el mensajero de Jezabel puede utilizar tácticas engañosas y amenazas para atacar y acosar a personas que hablan públicamente de su fe o defienden los valores bíblicos.

Falsas acusaciones y calumnias. El mensajero de Jezabel intenta manchar la reputación de los enviados de Dios, con la esperanza de desacreditarlos y perturbar el impacto de su ministerio.

La oposición de las influencias mundanas. El mensajero de Jezabel puede surgir a través de figuras, medios u organizaciones influyentes que se oponen y denuncian activamente el mensaje del evangelio.

Persecución y amenazas. Al igual que el mensajero de la reina Jezabel que amenaza la vida de Elías, el mensajero moderno de Jezabel puede emplear amenazas, intimidación o incluso persecución para tratar de silenciar a quienes proclaman con valentía la verdad de Dios.

Enseñanzas distorsionadas y falsos profetas. El mensajero de Jezabel podría propagar enseñanzas falsas o seguir a falsos profetas que alejan a la gente de la fe genuina y la obediencia a Dios.

Control y manipulación en el liderazgo de la iglesia. En ciertos ambientes de la iglesia, el mensajero de Jezabel podría estar representada por líderes que ejercen un control autoritario y manipulan a sus seguidores, suprimiendo el pensamiento independiente y el crecimiento espiritual genuino.

Condescendencia espiritual y sincretismo. El mensajero de Jezabel podría abogar por una combinación del cristianismo con ideologías o prácticas mundanas, alejando a los creyentes de la devoción pura a Dios.

Es crucial que los creyentes estén atentos y reconozcan las influencias del mensajero de Jezabel. Permaneciendo arraigados en la Palabra de Dios, buscando el discernimiento a través de la oración y manteniéndose firmes en su fe, los mensajeros de Dios pueden sortear los desafíos y la oposición que puedan surgir mientras continúan brillando con la luz de la verdad en un mundo que la necesita más que nunca.

EL ESPÍRITU DE JEZABEL

Jezabel era enemiga jurada de Elías porque también lo era del Señor. Jezabel odiaba al único Dios verdadero y a todos sus profetas. Jezabel era una mujer endemoniada, poseída por una amplia gama de espíritus de brujería, idolatría, hechicería, asesinato y rebelión.

Jezabel era hija de Et Baal, rey de Sidón. Etbaal significa "con Baal" o —en otras palabras—, vivir bajo el favor de Baal. De modo que nació en una sociedad que adoraba a Baal, de un hombre que estaba completamente arraigado a la adoración satánica y a todas sus prácticas malvadas e idólatras.

El nombre Jezabel significa "Baal exalta, Baal es marido de, inmoral o soltera". Solo su nombre muestra que Jezabel estaba estrechamente vinculada a la adoración a Baal. Sin embargo, el alcance de su participación fue muy superior a lo que indica su nombre o incluso a su adoración particular a Baal. Jezabel jugó un papel decisivo en cuanto a llevar a Acab a adorar a Baal, porque no fue hasta después de casarse con ella que Acab tomó en serio la adoración a Baal:

> Como si hubiera sido poco el cometer los mismos pecados de Jeroboán, hijo de Nabat, también se casó con Jezabel hija de Et Baal, rey de los sidonios, y se dedicó a servir a Baal y a adorarlo. Le erigió un altar en el templo que le había construido en Samaria.
>
> —1 REYES 16:31-32

Jezabel también apoyó la adoración a Baal y a Asera, otra diosa falsa. La Escritura nos dice que 450 profetas de Baal y 400 profetas de Asera cenaron en la mesa de Jezabel (1 Reyes 18:19). Estaba alimentando a 850 personas cada día apoyando la idolatría y la maldad de Israel. Incluso para una reina esto no era una hazaña pequeña, especialmente durante una sequía que duró años. Jezabel claramente tenía la intención de quitar al Señor del lugar que le correspondía como Dios de Israel y poner allí a Baal.

Por eso odiaba tanto a Elías. Este había expuesto la mentira de la adoración a Baal y revelado la gloria y la verdad del Señor Dios todopoderoso, lo que enfureció a Jezabel. Elías destruyó todas sus mentiras, seducciones, manipulaciones y planes con sed de poder, revelando que todo para lo que vivía, todo en torno a lo cual había centrado su vida, era mentira.

El espíritu de Jezabel que lucha contra el Señor todavía está actuando en el mundo, y creo que Jezabel está especialmente en guerra con Estados Unidos. El espíritu de Jezabel todavía obra para destronar al Señor en los corazones de su pueblo, para silenciar la palabra del Señor y matar a los profetas del Santísimo.

Jezabel es un espíritu de idolatría, brujería, seducción y muerte. Ese espíritu está seduciendo a la gente con brujería, razón por la cual está aumentando en esta nación. El espíritu de Jezabel hace que la gente se encuentre en un estado de desesperación demoníaca, especialmente en los tiempos de sequía o hambruna, ya sea natural o espiritual. Esa desesperación hace que las personas sean vulnerables a la explotación. El espíritu de Jezabel hace que la gente muera prematuramente, sobre todo los profetas del Señor. El espíritu de Jezabel intenta erigir cualquier cosa en nuestros corazones para tomar el lugar de Dios, llevándonos a la idolatría.

El espíritu de Jezabel se mueve en el ambiente de la seducción sexual. La pornografía está destruyendo los matrimonios. En 2005, un terapeuta matrimonial y familiar testificó ante el Senado de Estados Unidos que el 56 % de los divorcios involucraban a un cónyuge que tenía "un interés obsesivo" en la pornografía, y eso fue hace casi veinte años; probablemente sea más alto ahora. La pornografía está llevando a hombres y mujeres a todo tipo de desviaciones y perversiones sexuales, aumentando el riesgo de depravación sexual y violación (y de perpetradores).[1] La pornografía empuja a las personas a sucumbir continuamente a los deseos de su carne hasta quedar completamente esclavizadas por una adicción a la pornografía. Jezabel incluso persigue a nuestros hijos con la pornografía. Se dice que la edad promedio en que los niños son expuestos por primera vez a la pornografía es entre los once y los doce años, y ver pornografía en la adolescencia ahora se considera "normal", hasta el punto de que un estudio de jóvenes estadounidenses en la adolescencia tardía informó que más de El 80 % de ellos había visto pornografía.[2]

El espíritu de Jezabel es un asesino de bebés. Recuerda que el sacrificio de niños era parte de la adoración a los ídolos en los tiempos de Elías. Las raíces ancestrales del espíritu de aborto vienen de Jezabel, puesto que ella quiere matar a la próxima generación. La hija de Jezabel, Atalía, mató a sus propios nietos para asegurarse de permanecer en el poder. Es más, Jezabel está detrás del movimiento feminista radical que está asesinando a nuestros bebés. El espíritu de Jezabel también está detrás de la guerra contra la distinción de género. Dios nos creó hombre y mujer; no hay otra opción, y tú eres aquello que Dios diseñó que fueras. El diablo es un mentiroso, y su guerra contra la distinción de género a través del espíritu de Jezabel es un ataque contra los verdaderos hombres de Dios, como lo es el feminismo radical. Recuerda, uno de los significados del nombre de Jezabel es "soltera". Si el espíritu de Jezabel puede hacer que los hombres piensen que son mujeres y que las mujeres piensen que no necesitan a los hombres, castra a los verdaderos hombres de Dios. Jezabel quiere castrar a los hombres. Toda la batalla por la diversidad de género y la mentira de que toda masculinidad es tóxica tiene que ver con la destrucción de los hombres, su remoción de los roles y asignaciones que Dios les ha asignado.

Jezabel está en guerra con Estados Unidos y la iglesia. Es por eso que los Elías de hoy necesitan levantarse y decir: "¡No permitiré que eso pase!". Los profetas necesitan alejarse de la mesa de Jezabel. Ella también es un espíritu mercantilista, por lo que demasiados profetas han estado comiendo de su mesa. Como profetas del Dios vivo, debemos romper y cancelar toda tarea de Jezabel que venga contra nosotros: contra nuestros matrimonios, nuestras familias, nuestros hijos, nuestras iglesias, nuestras identidades y nuestras vidas. Tenemos que despertar y comprender la misión de Jezabel contra la iglesia. El espíritu de Jezabel viene a silenciar a los profetas, por eso decreto: "¡Profetas, levántense! ¡Dejen que sus voces se escuchen!".

Las amenazas de Jezabel

Cuando Jezabel amenazó a Elías, él huyó para salvar su vida. Llegó hasta Beerseba en Judá, fuera del reino gobernado por Acab y Jezabel.

Aunque su reacción inicial fue huir asustado, Elías sabía en el fondo lo que realmente tenía que hacer. Así que dejó a su siervo en Beerseba, "pero él se fue por el desierto un día de camino" (1 Reyes 19:4). Cuando estaba abrumado por los problemas y luchando contra el enemigo de su alma, Elías se fue al desierto.

Si bien fue lo suficientemente sabio como para obedecer lo que le dictaba la unción y esconderse con el Señor una vez más, Elías todavía estaba luchando. Estaba sumido en un pozo de dudas y autocompasión. Cuando llegó al desierto, "se sentó debajo de un enebro; y deseando morirse, dijo: Basta ya, oh Jehová, quítame la vida, pues no soy yo mejor que mis padres!'" (1 Reyes 19:4 RVR1960). Si Elías hubiera muerto sentado bajo un árbol en el desierto, Jezabel habría logrado silenciar a un profeta del Señor y acabar prematuramente con su vida. Pero la historia de Elías no terminó ahí.

Acab contó a Jezabel todo lo que Elías había hecho y cómo había matado a todos los profetas a filo de espada. Entonces Jezabel envió un mensajero a Elías para decirle: "¡Que los dioses me castiguen sin piedad si mañana a esta hora no te he quitado la vida como tú se la quitaste a ellos!". Elías se asustó y huyó para ponerse a salvo. Cuando llegó a Berseba de Judá, dejó allí a su criado y caminó todo un día por el desierto. Llegó adonde había un arbusto de retama y se sentó a su sombra con ganas de morirse. "¡Estoy harto, Señor! —protestó—. Quítame la vida, pues no soy mejor que mis antepasados". Luego se acostó debajo del arbusto y se quedó dormido.

De repente, un ángel lo tocó y le dijo: "Levántate y come". Elías miró a su alrededor y vio a su cabecera un panecillo cocido sobre brasas y un jarro de agua. Comió, bebió y volvió a acostarse.

El ángel del Señor regresó y, tocándolo, le dijo: "Levántate y come, porque te espera un largo viaje". Elías se levantó, comió y bebió. Una vez fortalecido por aquella comida, viajó cuarenta días y cuarenta noches hasta que llegó a Horeb, el monte de Dios. Allí pasó la noche en una cueva. El Señor se aparece a Elías.

Más tarde, la palabra del Señor vino a él.

—¿Qué haces aquí, Elías? —le preguntó.

Él respondió:

—Me consume mi amor por ti, Señor Dios de los Ejércitos. Los israelitas han rechazado tu pacto, han derribado tus altares y a tus profetas los han matado a filo de espada. Yo soy el único que ha quedado con vida, ¡y ahora quieren matarme a mí también!

—1 Reyes 19:1-10

Después de todo lo que había pasado, Elías tenía que estar exhausto, agotado. Por eso, era susceptible de sucumbir a los ataques del enemigo. Pero el Señor aún no había terminado con él. Tal como lo hizo cuando Elías estuvo en el desierto por primera vez, el Señor le proveyó sobrenaturalmente a Elías, enviando un ángel con comida y agua. El Señor reconoció que Elías se sentía abrumado y le proporcionó el descanso, el alimento y el aliento que necesitaba para su viaje.

Elías dejó la retama y viajó al monte Horeb, aún más lejos en el desierto. Aunque el Señor una vez más hizo milagros a favor de él, todavía estaba atrapado en un pozo de autocompasión. Cuando el Señor le preguntó a Elías qué estaba haciendo en la montaña, le contó la historia titulada "pobre de mí". Estaba tan atrapado en la autocompasión que exageró su situación. Sabía que los hijos de Israel, en el monte Carmelo, se habían arrepentido y vuelto al Señor. También sabía que Abdías había salvado a otros cien profetas de ser ejecutados por Jezabel.

Así como Elías, cuando luchamos contra los problemas que tenemos en la mente, es muy fácil caer en la autocompasión. Es muy sencillo pensar que estamos solos, que somos los únicos que luchamos en la batalla, que nadie más lucha como nosotros. Sin embargo, los profetas son humanos y están sujetos a las mismas pasiones y emociones que todos los demás. Deben operar con la fuerza del Espíritu de Dios, pero aun con eso necesitan aliento y oración.

Cuando el ataque del enemigo te haga sentir abrumado, corre al desierto. Escóndete nuevamente con el Señor para que pueda renovar tus fuerzas. Escóndete para recordar todas las grandes cosas que él ha hecho por ti. Escóndete para tener comunión con el Señor y pasar tiempo hablando con él escuchándolo. Eso es lo que hizo Elías.

El Señor le ordenó:

—Sal y preséntate ante mí en la montaña, porque estoy a punto de pasar por allí.

Mientras estaba allí, el Señor pasó y vino un viento recio, tan violento que partió las montañas y destrozó las rocas, pero el Señor no estaba en el viento. Después del viento hubo un terremoto, pero el Señor tampoco estaba en el terremoto. Tras el terremoto vino un fuego, pero el Señor tampoco estaba en el fuego. Y después del fuego vino un suave murmullo. Cuando Elías lo oyó, se cubrió el rostro con el manto y, saliendo, se puso a la entrada de la cueva.

Entonces oyó una voz que le dijo:

—¿Qué haces aquí, Elías?

Él respondió:

—Me consume mi amor por ti, Señor Dios de los Ejércitos. Los israelitas han rechazado tu pacto, han derribado tus altares y a tus profetas los han matado a filo de espada. Yo soy el único que ha quedado con vida, ¡y ahora quieren matarme a mí también!

El Señor le dijo:

—Regresa por el mismo camino y ve al desierto de Damasco. Cuando llegues allá, unge a Jazael como rey de Aram 16 y a Jehú, hijo de Nimsi, como rey de Israel; unge también a Eliseo, hijo de Safat, de Abel Mejolá, para que te suceda como profeta. Jehú dará muerte a cualquiera que escape de la espada de Jazael y Eliseo dará muerte a cualquiera que escape de la espada de Jehú. Sin embargo, yo preservaré a siete mil israelitas que no se han arrodillado ante Baal ni lo han besado.

—1 Reyes 19:11-18

Cuando estamos abrumados, cuando corremos asustados o nos hundimos en la autocompasión, necesitamos llegar al lugar donde podamos escuchar la suave y apacible voz del Señor. Porque aun cuando estemos luchando, él todavía nos ve, nos ama y todavía tiene un propósito para nosotros en la tierra.

Dios no condenó a Elías por su lucha. Le mostró compasión, suplió sus necesidades físicas, lo animó de corazón y hasta le habló. También le hizo saber a Elías que su tarea aún no había terminado, y a continuación le dio el plan para cumplir su tarea.

Protegerse de las trampas y los obstáculos es esencial para todo profeta, incluso para aquellos que exhiben el ferviente espíritu de Elías. Las mismas cualidades que hacen de Elías un profeta poderoso (celo, coraje y una fuerte conexión con Dios) también pueden convertirse en obstáculos si no se manejan con cuidado.

La carga de ser profeta puede ser pesada a veces, por lo que es posible que haya momentos de desánimo o hasta sentirse abrumado. La autocompasión es una trampa que desvía la atención de la misión que Dios le asigna al profeta para que se enfoque en sus luchas y desafíos personales. Cuando la autocompasión se afianza, la eficacia del profeta para transmitir el mensaje de Dios puede disminuir a medida que se preocupa por sus propios sentimientos de insuficiencia o victimismo. Aceptar la humildad y reconocer que el llamado profético no tiene que ver con comodidad personal sino con servir al propósito de Dios nos resguardará de la autocompasión. Los profetas deben realinear continuamente su enfoque en la misión divina y confiar en la fuerza de Dios para soportar cualquier dificultad que encuentren.

El celo y el coraje mostrados por el espíritu de Elías, a veces, pueden conducir a una peligrosa sensación de relevancia personal o, lo que es lo mismo, la trampa del orgullo. Este puede hacer que el profeta crea que sus ideas y sus opiniones son infalibles, al punto que distorsione el mensaje divino que debe transmitir. Un profeta orgulloso puede volverse resistente a recibir críticas o correcciones, creyendo que es el único que posee la verdad. Es crucial cultivar la humildad y reconocer que el profeta es un instrumento para el mensaje de Dios, no su fuente. Al permanecer receptivos al consejo de sabios mentores y compañeros de creencia, los profetas ayudan a evitar que el orgullo nuble su visión profética.

Incluso los profetas más valientes pueden lidiar con el miedo, especialmente cuando enfrentan una oposición poderosa o cuando proclaman verdades difíciles de aceptar. El miedo puede paralizar al profeta, impidiéndole hablar con valentía la palabra del Señor. Confiar en la soberanía y las promesas de Dios permite a los profetas superar el miedo. Por eso deben apoyarse en la fuerza de Dios y no en la propia, sabiendo que el Señor es su protector y sustentador ante la adversidad.

Cultivar la autoconciencia puede ayudar a los profetas a evitar obstáculos. Ser conscientes de sus emociones y motivaciones permite a los profetas reconocer cuándo comienzan a invadir sus corazones la autocompasión, el orgullo o el miedo. La autoconciencia les permite abordar estos obstáculos con prontitud y buscar la ayuda de Dios para superarlos.

La dependencia de Dios también es vital para evitar trampas proféticas. La travesía de un profeta no tiene que ver con caminar solo. Es esencial confiar en la sabiduría, la guía y la fuerza de Dios. Los profetas deben mantener una conexión profunda con Dios a través de la oración, el estudio de su Palabra y la búsqueda de su dirección en todas las cosas.

De modo que, aunque el espíritu de Elías ejemplifica el celo, la audacia y una fuerte conexión con Dios, también nos recuerda la importancia de resguardarnos de los obstáculos que pueden perturbar la eficacia de los mensajeros de Dios. Al cultivar la humildad, la autoconciencia y la completa dependencia de Dios, los Elías de hoy pueden afrontar estos desafíos, mantenerse fieles a su llamado y transmitir eficazmente el mensaje divino al mundo.

Los profetas suelen tratar con almas fragmentadas. Lidian con el miedo. Con el rechazo. Con la autocompasión. Los profetas tratan con almas divididas debido a los intensos desafíos espirituales y emocionales que enfrentan en su ministerio profético. El llamado del profeta implica recibir y transmitir mensajes divinos, confrontar el pecado y la injusticia e interceder a favor de los demás. Estas responsabilidades pueden pasarle factura al alma de un profeta, llevándola a la fragmentación de varias maneras:

Carga emocional. A menudo se llama a los profetas a entregar mensajes de juicio, arrepentimiento y advertencia tanto a individuos como a naciones. Ser testigo de las consecuencias del pecado y la desobediencia puede afectar profundamente sus emociones, generando sentimientos de pena, tristeza y carga para las personas a las que deben servir.

Guerra espiritual. Los profetas están en la primera línea de las batallas espirituales, participando en una intensa guerra espiritual contra las fuerzas tenebrosas que intentan oponerse y perturbar la obra de Dios. Esta constante guerra espiritual puede resultar en cansancio y fragmentación del alma.

Rechazo y aislamiento. Los profetas pueden enfrentar rechazo y oposición, incluso de sus propias comunidades y sus círculos religiosos. Este rechazo puede generar sentimientos de aislamiento y soledad, provocando desintegración de su bienestar emocional y relacional.

Identificación con el dolor de los demás. Los profetas a menudo sienten una profunda empatía con el dolor y el sufrimiento de aquellos a quienes ministran. Acarrean las cargas de los demás, lo que puede llevar a que sus almas se afecten por el peso de las luchas de los demás.

Cargar con los deseos de Dios. Los profetas son llamados a exponer los deseos de Dios con su pueblo. Esto significa experimentar el amor, la compasión y la justa ira de Dios hacia el pecado. Acarrear emociones tan intensas puede llevar a la destrucción personal, puesto que ellos navegan entre sus propias emociones y las de Dios.

Ver lo invisible. Los profetas, a menudo, tienen visiones y encuentros con el reino espiritual, siendo testigos tanto de la gloria de Dios como de los planes del enemigo. Estas experiencias sobrenaturales pueden ser abrumadoras y pueden resultar en la desintegración del alma mientras intentan comprender y procesar los misterios del reino espiritual.

Debilidad y vulnerabilidad personal. Los profetas, como cualquier otro ser humano, no son inmunes a las debilidades y vulnerabilidades particulares. Sus luchas con el pecado, las dudas y los desafíos individuales pueden contribuir aún más a la fragmentación de las almas.

A pesar de esos desafíos, los profetas cuentan con la seguridad de la presencia de Dios y el poder del Espíritu Santo para sostenerlos. El proceso de lidiar con almas fragmentadas a menudo implica buscar la sanación, restauración y renovación —por parte de Dios— a través de la oración, la adoración y la Palabra de Dios. Además, el apoyo de una comunidad amorosa y comprensiva puede desempeñar un papel importante para ayudar a los profetas a navegar en las complejidades de su ministerio profético y encontrar plenitud en sus almas.

Los poderes de las tinieblas vendrán contra los profetas. El objetivo es cerrarles la boca. Por eso Satanás viene contra ellos con rechazo, temor al hombre, orgullo, autocompasión e incluso muerte prematura. Él hará cualquier cosa para intentar cerrarles la boca. Como profetas, debemos ser conscientes de esas cosas. El hecho de que tu don esté funcionando no significa que no tengas que caminar en humildad y tener una íntima relación con el Señor, que no debas tener un carácter piadoso y que no necesites ser diligente para cerrarles las puertas a los ataques diabólicos que te ataquen. Debido al aumento de la brujería, debemos ser diligentes en decretar la Palabra y romper las maldiciones de nuestras vidas.

La prueba de fuego para un verdadero profeta no es la exactitud de su profecía. La Palabra dice que por su fruto conocerás al árbol. Un verdadero profeta no dará frutos de injusticia. Un profeta verdadero no solo es exacto sino que también produce frutos de justicia.

Los dones espirituales son solo eso: dones. Dios no te da un don y luego te lo quita solo porque estés luchando o porque cometiste un error. Pero depende de ti cómo utilizas ese don. Hay personas que tienen dones espirituales que los usan para las obras de las tinieblas. Debes elegir a quién entregarás tu espíritu: al Señor o al enemigo. Cuando entregues tu espíritu al Señor, darás frutos de justicia.

Por eso el tiempo en el desierto es fundamental. Te prepara para tu misión, te refresca y te restaura cuando has resultado herido en la batalla. Así que guarda tu corazón; si estás enfrentando al espíritu de Jezabel y cayendo en trampas proféticas, regresa al desierto otra vez. Escóndete por un tiempo con el Señor para que puedas escuchar su suave y apacible voz, a fin de que te prepares para la siguiente fase de tu tarea.

¿Quién es tu enemigo?

Cuando lleguen los ataques (y seguro que vendrán), debes reconocer quién es tu verdadero enemigo. Aunque el ataque puede provenir directamente de un ser humano, ya sea alguien de la iglesia o fuera de ella, esa persona no es tu verdadero enemigo. Son los poderes de las tinieblas y Satanás los que quieren mantenerte en esclavitud, para que la gente se aleje del Señor.

Así que no devuelvas el ataque a un ser humano. La batalla es en el espíritu, no en lo natural. Efesios 6:12 nos recuerda: "Porque nuestra lucha no es contra seres humanos, sino contra poderes, contra autoridades, contra potestades que dominan este mundo de tinieblas, contra fuerzas espirituales malignas en las regiones celestiales". Las maldiciones provienen del poder de las tinieblas. Por eso, si las devolvemos, es necesario que sea a quien las originó (el diablo y sus demonios), no a la persona.

Jesús dijo: "Amad a vuestros enemigos, bendecid a los que os maldicen, haced bien a los que os aborrecen, y orad por los que os ultrajan y os persiguen" (Mateo 5:44). Hemos sido llamados a bendecir, no a maldecir. Dado que estamos llamados a hacer que los corazones de las personas se vuelvan al Señor, es aún más importante que recordemos bendecir a nuestros enemigos en lugar de maldecirlos, ya que es la bondad del Señor la que lleva a las personas al arrepentimiento.

La esencia de la unción profética es como la naturaleza del león:

En verdad, nada hace el Señor y Dios sin antes revelar sus planes a sus siervos los profetas. Ruge el león; ¿quién no temblará de miedo? Habla el Señor y Dios; ¿quién no profetizará?

—Amós 3:7-8

La unción de Elías viene para restaurar el rugido de los leones proféticos en la iglesia. Viene a restaurar la audacia.

Como profetas del Señor, no somos leones de zoológico, enjaulados por la tradición y temerosos de hablar con la vanguardia y el celo del Señor.

No somos leones de circo, fuente de entretenimiento y bromas, que realizamos trucos religiosos y manipulamos a la gente con ilusiones.

Somos leones del reino que rugen con la voz del Señor. El Salmo 29 dice que la voz del Señor es poderosa y llena de majestad. Quebranta los cedros y sacude el desierto. Cuando los profetas del Señor rugen la palabra del Señor, las cosas cambian: se rompen las cadenas y las maldiciones, los corazones se convierten, se hacen milagros y las personas son restauradas. ¡Cuando los Elías rujan, el espíritu de Jezabel, los principados, los poderes de las tinieblas, los espíritus demoníacos y cualquier otra cosa que el enemigo envíe para atacarnos serán derrotados!

Tercera parte

Restauración

Capítulo 11

Milagros de restauración

LOS MILAGROS REVELAN el carácter de Dios. Un milagro es un suceso notable que sobrepasa los límites de las leyes naturales, provocado por la intervención divina. Son signos extraordinarios de la presencia y el poder de Dios en nuestras vidas. Esos acontecimientos sobrenaturales van más allá de cualquier explicación científica y las expectativas habituales del mundo natural. Los milagros son manifestaciones divinas que muestran la autoridad y trascendencia de nuestro Dios todopoderoso.

Estos actos milagrosos sirven como demostraciones claras de la participación de Dios en los asuntos humanos. Los milagros pueden adoptar diversas formas, como curaciones prodigiosas, cambios inesperados en las circunstancias, protección divina contra daños o el cumplimiento de oraciones y peticiones aparentemente imposibles. Como cristianos proféticos, reconocemos que los milagros son un testimonio del amor y la compasión de Dios por su creación y un recordatorio de su presencia divina en nuestras vidas.

Un milagro es una obra realizada por el poder de Dios con un propósito que sobrepasa el alcance del hombre. Cuando Dios obra milagros, despierta sueños y visiones en nuestros corazones, con propósitos insondables para nosotros. Cuando Dios obra milagros, muestra su fuerza a favor nuestro. Cuando Dios hace maravillas, nos muestra su amor incondicional e inagotable. Cuando Dios abre la puerta a lo milagroso, es porque nos está mostrando el favor divino. Cuando Dios hace milagros, simplemente nos muestra que es Dios.

Los milagros de restauración que Elías realizó tuvieron como objetivo recomponer la condición humana, cerrar la puerta a la pobreza y conectarse con las necesidades reales de las personas. Es importante que los Elías de hoy no se desconecten de lo natural. Los profetas que caminan en el espíritu y la unción de Elías necesitan aprender a desmitificar el ámbito profético. A veces las personas, en realidad, tienen hambre física, hambre que puede dificultarles escuchar y aceptar la palabra del Señor. No siempre es necesario que haya un movimiento de oración cuando brindarle a alguien una comida puede satisfacer sus necesidades y permitirle recibir la bondad de Dios. Insisto, la unción de Elías se refiere tanto a palabras como a hechos. Tiene que ver con restaurar la honra y la gracia al ministerio profético.

Cuando nos movemos en el espíritu y la unción de Elías, los milagros de restauración son parte de nuestra tarea como agentes de cambio. Hemos sido elegidos para este tiempo con el fin de que llevemos el favor, el poder y la abundancia de Dios a un mundo necesitado. Tenemos acceso al reino de la provisión, el derramamiento y la abundancia milagrosos. Como Elías, nos convertimos en centros de distribución de las más que suficientes bendiciones del Señor. Así que prepárate para moverte en la esfera de lo milagroso.

MILAGRO DE MULTIPLICACIÓN

El primer milagro de restauración que el Señor realizó por la palabra de Elías fue de multiplicación.

Durante la sequía, el Señor envió a Elías a la viuda de Sarepta; después de su estancia en el desierto en el arroyo de Querit. Ya vimos las interacciones de Elías con la viuda, a modo de ilustración, en cuanto a la tarea de los Elías de hoy tanto en palabra como en acción. La viuda estaba en una situación desesperada. Entre su viudez y la sequía que la afectaba, tanto a ella como a las personas que normalmente podrían ayudarla, ya había perdido la esperanza.

Cuando alguien tiene una necesidad natural o práctica, esta puede volverse abrumadora. Es difícil escuchar al Señor cuando te duele el estómago por el hambre debida a que no has comido en dos días, o cuando sabes que tus hijos están hambrientos. Es difícil tener fe en la provisión de Dios cuando los zapatos de tu hija de seis años se han vuelto tan pequeños que le lastiman los pies, pero no puedes comprarle unos nuevos. Es difícil creer que Dios realmente se preocupa por ti cuando llevas un mes buscando trabajo sin éxito y estás a punto de perder tu casa. Cuando te enfrentas a luchas concretas de la vida real, del día a día. Es difícil tener esperanza en esas situaciones.

Sin embargo, necesitamos esperanza. La Escritura dice: "La esperanza que se demora aflige al corazón" (Proverbios 13:12). La desesperanza trae tristeza. La desesperanza trae derrota. La desesperanza socava la fe.

Es por eso que los Elías de hoy operan tanto en palabra como en hechos. El Libro de Santiago pregunta: "Supongamos que un hermano o una hermana no tiene con qué vestirse y carece del alimento diario, y uno de ustedes le dice: 'Vaya en paz; abríguese y coma hasta saciarse', pero no le da lo necesario para el cuerpo. ¿De qué servirá eso?" (2:15-16). Es por eso que la unción de Elías tiene el poder de realizar milagros de restauración: cuando se satisfacen las necesidades físicas, se restablecen la esperanza y la fe.

Cuando Elías le pidió a la viuda que le diera un bocado de pan, ella solo tenía en casa un puñado de harina y una cantidad muy pequeña de aceite. Para poner esto en perspectiva, un puñado equivale aproximadamente a media taza de harina, pero la receta típica de pan requiere al menos dos tazas de harina. La viuda estaba literalmente raspando el fondo de su recipiente de harina. Se enfrentaba a la muerte por inanición, tanto para ella como para su hijo.

Un puñado era todo lo que tenía, pero con la mano de Dios operando, un puñado era todo lo que necesitaba.

El milagro de la multiplicación tuvo que ver con el cuidado de Dios por nosotros. A veces nos concentramos tanto en lo que nos falta que pasamos por alto el poder de Dios para trabajar con lo que tenemos. Cuando Jesús les dijo a sus discípulos que alimentaran a una multitud que probablemente era de, al menos, unas quince mil personas (contando cinco mil hombres más todas las mujeres y los niños), debieron haber pensado que había perdido la cabeza. ¿Cómo podrían alimentar a tanta gente? Aun cuando tuvieran suficiente dinero para comprar comida para tanta gente, estaban en una zona desierta, por lo que no había lugar para comprar alimentos. Los discípulos tenían cinco panes y dos peces pero, en vez de mirar lo que tenían y lo que Jesús podía hacer con ello, se enfocaron en lo que faltaba. Pero Dios es un Dios de milagros. Es un Dios de multiplicación. Jesús agarró esos panes y esos pescados, los bendijo e hizo que los discípulos comenzaran a repartir la cena. Todos comieron hasta saciarse e incluso sobró para el día siguiente.

El milagro de la harina y el aceite también tuvo que ver con confiar en Dios todos los días. Cuando dejas de enfocarte en tus carencias y pones la mira en el poder de Dios para usar lo que tienes, decides confiar. Estás optando por tomar lo que tienes y sembrarlo: darlo, compartirlo. Estás permitiendo que Dios tome todo lo que tienes y lo multiplique. Eso es exactamente lo que pasó con la viuda de Sarepta. Ofreció su harina y su aceite, sembró una semilla haciendo una pequeña torta para Elías en un acto de fe, y Dios multiplicó la harina y el aceite para que nunca se acabaran. Ella agarró su puñado de harina y lo puso en la mano de Elías, y la mano del Señor se movió a favor de ella. Estamos en un tiempo de multiplicación. Dios va a multiplicar cada semilla que siembres por fe, todo lo que has dado. Dios lleva buenos registros y nada falta en su reino. Los hijos de Dios no van a estar atados por el espíritu de pobreza. Cuando el enemigo entre, tratando de mantenerte mirando tu carencia en lo natural, simplemente sigue sembrando tus semillas de fe, confiando en Dios día a día. No me importa lo que el enemigo te esté diciendo; Dios no permitirá que pases hambre. Decreto que esta es una temporada de gran multiplicación. Decreto que no te quedarás sin nada. Una bendición continua y perpetua te seguirá a ti, a tus hijos y a los hijos de tus hijos a causa de la semilla que siembras ahora.

Hay otra cosa clave que quiero que veas sobre el milagro de la multiplicación. El Señor multiplicó la harina, el pan y el aceite. El pan representa la Palabra de Dios. El aceite simboliza el Espíritu Santo. Cuando caminamos en el espíritu y la unción de Elías, necesitamos que tanto la Palabra como el Espíritu se multipliquen en nuestras vidas.

Necesitamos deleitarnos con la Palabra de Dios: disfrutar de una abundante ingesta de Biblia todos los días. Necesitamos leerla, memorizarla, meditar en ella, estudiarla, hablarla y escribirla en las tablas de nuestro corazón. Necesitamos que la Palabra de Dios se multiplique en nuestros corazones y nuestras mentes.

También debemos recordar que Jesús es la Palabra. Juan 1:1 dice: "En el principio existía el Verbo, y el Verbo era con Dios, y el Verbo era Dios". Y el día después de alimentar a los cinco mil, Jesús dijo:

> —Yo soy el pan de vida —declaró Jesús—. El que a mí viene nunca pasará hambre y el que en mí cree nunca más volverá a tener sed.
>
> Yo soy el pan de vida. Los antepasados de ustedes comieron el maná en el desierto; sin embargo, murieron. Pero este es el pan que baja del cielo; el que come de él no muere. Yo soy el pan vivo que bajó del cielo. Si alguno come de este pan, vivirá para siempre. Este pan es mi carne y lo daré para que el mundo viva.
>
> —JUAN 6:35, 48-51

Jesús es la Palabra viva. Necesitamos que él también se multiplique en nuestras vidas. Cada día debemos parecernos más y más a él, produciendo frutos de justicia y haciendo las obras mayores que nos asignó.

No solo necesitamos la Palabra multiplicada en nuestras vidas, sino que también requerimos del precioso aceite del Espíritu Santo multiplicado en nuestras vidas. Como Elías de hoy, debemos estar en sintonía con el Espíritu Santo. Necesitamos volvernos cada vez más sensibles a su voz, a su dirección, a su unción. Necesitamos ser ungidos con aceite fresco. Necesitamos que el Señor derrame su Espíritu sobre nosotros.

> Después de esto, derramaré mi Espíritu sobre todo ser humano. Los hijos y las hijas de ustedes profetizarán, tendrán sueños los ancianos y los jóvenes recibirán visiones. En esos días derramaré mi Espíritu aun sobre los siervos y las siervas.
>
> —Joel 2:28-29

La palabra hebrea traducida como "derramar" significa verter, desaguar, derrochar, extender, verter en un recipiente. La palabra no solo significa que se te derramarán unas pocas gotas. Cuando viertes algo en un molde o recipiente, lo llenas por completo. Necesitamos estar completamente llenos del Espíritu Santo. Necesitamos ser llenos del "Espíritu del Señor… Espíritu de sabiduría y de entendimiento, Espíritu de consejo y de poder, Espíritu de conocimiento y de temor del Señor" (Isaías 11:1-2). Necesitamos multiplicar el aceite.

Así como el Señor ungió a Elías en tiempos antiguos para multiplicar los recursos limitados de la viuda, así te está ungiendo a ti, su vaso escogido, para producir provisión y abundancia sobrenaturales en las vidas de su pueblo.

En medio de la escasez y la carencia, no temas, porque el poder de Dios está sobre ti. Así como Elías habló con autoridad y fe, decreto que tus palabras llevarán el peso del cielo.

Al hablar en consonancia con la voluntad de Dios, los recursos se multiplicarán en manos de los necesitados.

Así que declaro la unción de Elías sobre ti para liberar la multiplicación sobrenatural en todos los ámbitos de tu vida. Tus oraciones e intercesiones traerán sustento divino, no solo para las necesidades físicas sino también para el crecimiento espiritual, la sanación emocional y la dirección divina.

Ya no estarás restringido a limitaciones, porque el Espíritu del Señor está sobre ti. Tu vida será un conducto de la provisión milagrosa de Dios y, mientras caminas en obediencia, su abundancia se desbordará.

Así como las tinajas de harina y aceite de la viuda no se secaron, los recursos y las bendiciones de tu vida se repondrán continuamente. Tu fe y tu confianza en las promesas del Señor serán recompensadas y serás testigo de la gloria de la multiplicación milagrosa de Dios.

Recibe este decreto profético, porque sobre ti reposa la unción de Elías. Ingresa al reino de la abundancia sobrenatural, porque la mano de Dios está sobre ti para liberar su provisión y sus bendiciones sin medida. Avanza en el poder del Espíritu, porque eres un instrumento de multiplicación divina en la tierra.

MILAGRO DE SUSTENTACIÓN

El segundo milagro de restauración fue de sustentación. Este ocurrió cuando Dios hizo que los cuervos alimentaran a Elías. Recuerda, el cuervo era conocido como un pájaro inmundo, asqueroso. Era una forma poco convencional de proveer a Elías y sostenerlo, pero creo que cuando Dios comienza a hablar a los sistemas y a los hombres, toda su naturaleza comienza a cambiar. Por eso fue tan importante el milagro del cuervo.

Piénsalo. Los cuervos son carroñeros. Se comerán todo lo que vean. Comerán de todo, desde animales pequeños hasta carroña, huevos, bayas e insectos. Cualquier animal salvaje que le llevara comida a Elías habría sido milagroso, pero el hecho de que fuera un cuervo lo es aún más porque la naturaleza del cuervo es comerse todo. El cuervo no le estaba llevando a Elías algo que nunca habría de comerse.

Es posible que haya cuervos a tu alrededor tratando de comer tus cosas. Es probable que hayan tratado de devorar lo que te ha estado alimentando, ya sea física, emocional o espiritualmente. Pero Dios hace milagros para sustentarte. Le ordenará a esos cuervos que te alimenten en lugar de quitarte lo que tienes. Dios puede ordenar tanto a los limpios como a los inmundos que te sostengan. Él es Señor sobre toda la creación, por lo que puede utilizar métodos no convencionales para proveerte de manera sobrenatural.

Ese milagro con los cuervos no fue la única vez que el Señor sostuvo milagrosamente a Elías, puesto que tampoco fue la única vez que estuvo en el desierto. Recuerda, Elías terminó nuevamente en el desierto después de que Jezabel amenazara su vida tras el enfrentamiento en el monte Carmelo. Y debido al estado mental y emocional de Elías, cuando se dirigió al desierto (que estaba tan desanimado, deprimido y oprimido que oró para morir), puedo asegurar que no trajo provisiones consigo para más de cuarenta días.

Sin embargo, a pesar de la actitud de Elías (de sus luchas, miedos, tristeza y falta de fe), el Señor milagrosamente proveyó para él. Elías se dirigió al desierto, oró para morir y se quedó dormido debajo de un árbol. Entonces un ángel lo tocó y le dijo que se levantara y comiera, y Elías vio una torta de pan cocida al carbón y un poco de agua. Tomó otra siesta y luego volvió a suceder lo mismo. Esas dos comidas angelicales fueron suficientes para sustentarlo durante cuarenta días y cuarenta noches mientras viajaba hacia el desierto hasta Horeb, la montaña de Dios.

El árbol bajo el cual Elías se refugió cuando entró al desierto por segunda vez era una retama. Una planta que crece en los desiertos de la Península Arábiga. En realidad, sus raíces son comestibles, por lo que Elías tenía una fuente potencial de alimento, aunque le habría costado algo de esfuerzo desenterrar las raíces. Pero solo los pobres comían las raíces de las retamas porque son muy amargas. En grandes cantidades, las raíces también te enfermarán.

De modo que, cuando el Señor volvió a proporcionar milagrosamente alimento para sustentar a Elías, una vez más estaba mostrando su cuidado. Le estaba mostrando a Elías que lo amaba. Piénsalo: Elías se revolcaba en la autocompasión. Estaba lidiando con el miedo, la desesperación, el desánimo, la duda y muchas otras emociones que el enemigo le disparaba. No necesitaba comer nada que pudiera enfermarlo. Necesitaba ser refrescado, renovado y restaurado. Lo último que necesitaba eran raíces amargas, ya fueran naturales o espirituales.

Cuando Moisés les advertía a los hijos de Israel acerca de la idolatría, dijo:

Este pacto y juramento no lo hago solamente con ustedes, los que hoy están aquí presentes delante del Señor, sino también con los que todavía no se encuentran entre nosotros. Ustedes saben cómo fue nuestra vida en Egipto y cómo avanzamos en medio de las naciones que encontramos en nuestro camino hasta aquí. Ustedes vieron entre ellos sus detestables imágenes e ídolos de madera y de piedra, de plata y de oro. Asegúrense de que ningún hombre ni mujer ni clan ni tribu entre ustedes aparte hoy su corazón del Señor nuestro Dios para ir a adorar a los dioses de esas naciones. Tengan cuidado de que ninguno de ustedes sea como una raíz venenosa y amarga.

—Deuteronomio 29:14-18

Moisés identificó la idolatría como los corazones que se alejan del Señor y las raíces venenosas y amargas que brotan. Y eso es exactamente lo que el enemigo quería que le sucediera a Elías. Elías había experimentado una gran victoria contra el diablo por medio del Señor, y el diablo no quería que eso volviera a suceder. Satanás quería que Elías estuviera tan desanimado y derrotado que el profeta llamado a volver los corazones al Señor se alejó del propio Señor y terminó con un corazón lleno de amargura. Pero insisto, el Señor conocía el corazón de Elías. Sabía los ataques que enfrentaba. Sabía cuánto estaba luchando. Por eso, en lugar de permitir que Elías tuviera que comer raíces amargas, el Señor le proporcionó una comida angelical para su cansado profeta. El Señor no iba a permitir que Elías tuviera raíces amargas ni físicas ni espirituales.

Ese es el poder de Dios. Ese es el amor de Dios. Ese es el cuidado de Dios.

MILAGRO DE RESURRECCIÓN

El último milagro de restauración fue el de la resurrección. La viuda de Sarepta, la misma que vio multiplicar su harina y su aceite, tenía un hijo. Pero este enfermó y murió.

Elías tomó a su hijo y lo llevó a la habitación en la que se alojaba. Clamó al Señor por la vida del hijo de la viuda, y Dios lo escuchó y respondió. El niño resucitó y regresó a los brazos de su madre. Fue un milagro de resurrección.

El poder sobrenatural de Dios para resucitar es una demostración asombrosa y maravillosa de su autoridad divina sobre la vida y la muerte. Eso muestra su capacidad ilimitada para recuperar lo perdido, revivir lo muerto e infundir esperanza a los desesperanzados.

En el relato de Elías, somos testigos de esta notable manifestación del poder resucitador de Dios. A través de la intercesión del profeta y su fe inquebrantable, Dios devolvió la vida al niño muerto, desafiando todas las leyes naturales y las limitaciones físicas. Este asombroso acontecimiento sirve como un poderoso testimonio de la naturaleza milagrosa de nuestro Padre celestial. Nos recuerda que su dominio se extiende más allá de los ámbitos de nuestro entendimiento y que su capacidad para restaurar y renovar no conoce límites.

El poder resucitador de Dios no se limita al pasado sino que sigue estando a nuestra disposición hoy. En tiempos de desesperación y oscuridad, cuando toda esperanza parece perdida, podemos invocar al mismo Dios que resucitó al hijo de la viuda. Él es el Dios de los milagros y su poder sobrenatural está siempre a la disposición de aquellos que creen e invocan su nombre.

Esta verdad nos insta a acercarnos a Dios con valentía y expectativa, conscientes de que él tiene las llaves de la vida y de la muerte en sus manos. Asombrémonos ante su poder resucitador, confiando en su amor inagotable y en su capacidad de generar nueva vida incluso en las circunstancias más espantosas.

Al ser testigos del poder sobrenatural de Dios para resucitar, nuestra fe se fortalece y nuestros corazones se llenan de asombro y gratitud. Que esta demostración milagrosa de su autoridad nos lleve a una reverencia más profunda por nuestro Creador todopoderoso y nos inspire a buscar su poder de resurrección en nuestras vidas y en las de los demás. En él encontramos la fuente de la esperanza eterna y la seguridad de un futuro que va más allá de los límites de este mundo temporal.

Sin embargo, el milagro de la resurrección no tenía que ver solo con que el niño volviera a la vida, aunque eso fue realmente milagroso. También se trataba de la resurrección de la fe de la viuda. Podemos imaginar todos los ataques a su fe que había enfrentado hasta ese momento de su vida. Aunque no conocemos todos los detalles de sus luchas, conocemos algunos. Era viuda, por lo que sabía lo que significaba haber amado y perdido. Sabía lo que significaba llorar. Sabía lo que significaba sentirse abrumada por el dolor. Sabía lo que significaba perder a su proveedor y al proveedor de su hijo. Sabía lo que significaba pasar hambre. Sabía lo que significaba sufrir. Sabía lo que significaba tener miedo. Sabía lo que significaba quedarse con el último puñado de harina y el último poquito de aceite. Sabía lo que significaba afrontar la muerte por inanición, tanto para ella como para su hijo. ¿Es de extrañar, acaso, que su fe se hubiera estremecido?

No obstante, aun en medio de una fe tambaleante, todavía se esforzó por dar pasos de fe. Aun así sembró semillas de fe. Reconoció que Elías era un hombre de Dios, por lo que todavía creía en Dios. Pero tal vez no hubiera estado tan segura de que Dios estuviera a favor de ella y no en contra de ella. Ella podría haberse preguntado si Dios estaba multiplicando la harina y el aceite solo porque Elías estaba allí, pensando que el milagro podría terminar cuando el profeta se fuera, dejándola como estaba antes de que él llegara. Así que, el hecho de que su hijo muriera, bien podría haber sido el último clavo en el ataúd de su fe.

Pero entonces Elías resucitó a su hijo de entre los muertos. Su hijo resucitó y se lo devolvió. Y su fe también resucitó y fue restaurada, porque entonces pudo decir no solo que Elías era un hombre de Dios, sino que también "lo que sale de tu boca es realmente la palabra del Señor" (1 Reyes 17:24). El milagro de la resurrección abrió su corazón no solo para escuchar la palabra del Señor sino también para recibirla.

Sin embargo, este milagro en particular trasciende la viuda y su hijo. El hecho de que un hijo resucitó, apunta al llamado de los Elías actuales a que hagan "volver el corazón de los padres a los hijos, y el corazón de los hijos a sus padres" (Malaquías 4:6). El Señor se aboca a la tarea de resucitar y restaurar familias.

El enemigo puede estar tratando de matar a tus hijos, ya sea física o espiritualmente. Pero Dios está en el negocio de la resurrección. Puede que el diablo te haya robado tus hijos para convertirlos en zombis ambulantes, inconscientes del propósito divino y del llamado a sus vidas, pero el Señor es Señor de los milagros de restauración. Como profetas suyos, tenemos acceso al poder resucitador de Dios. El Espíritu de Dios habita en nosotros, y el Espíritu de Dios resucitó a Cristo de entre los muertos. Romanos 8:11 dice:

> "Y si el Espíritu de aquel que levantó a Jesús de entre los muertos vive en ustedes, el mismo que levantó a Cristo de entre los muertos también dará vida a sus cuerpos mortales por medio de su Espíritu, que vive en ustedes".

Elías se movió con la unción del Espíritu Santo, pero tenemos una gran ventaja sobre él. En los días de Elías, mientras el Espíritu Santo ya estaba obrando en el mundo, todavía no había venido a morar con nosotros y en nosotros. Eso no sucedió hasta que Jesús murió, resucitó y ascendió al cielo para sentarse a la diestra del Padre. Así que tienes al Espíritu Santo morando dentro de ti. Eso significa que tienes acceso al poder del Espíritu Santo las veinticuatro horas del día, los siete días de la semana.

Es hora de que se levanten los Elías y usen ese poder resucitador en cualquier cosa que necesite ser devuelta a la vida: matrimonios, relaciones, fe, propósito, sueños, destinos, llamamientos, etc. Es hora de que los profetas del Señor se levanten e invoquen al Espíritu de Dios para que obre milagros de restauración en nuestras familias, nuestras iglesias, nuestras comunidades, nuestras ciudades y nuestra nación. Es hora de que aquellos que caminan en el espíritu y la unción de Elías hagan milagros que vendrán contra el espíritu de Jezabel que está en guerra contra esta nación y harán que los corazones se vuelvan al único Dios verdadero.

Es hora de que las familias sean restauradas, de que los corazones de los padres vuelvan a sus hijos y de que los corazones de los hijos vuelvan a sus padres.

Lo diré de nuevo: hay un poder milagroso del Espíritu del Señor a tu disposición y es hora de que Elías se levante y exija ese poder. Es hora de liberar un nivel completamente nuevo de fe.

Dios está otorgando su unción sobre los profetas a semejanza de Elías, dándoles mantos poderosos para realizar milagros. A través de estas demostraciones milagrosas, la intención de Dios es reavivar y revivir el sentimiento de asombro y maravilla en los corazones de la iglesia. Estos profetas ungidos serán vehículos a través de los cuales se manifestará el poder y la intervención divina, inspirando a los creyentes a ser testigos de su grandeza y su soberanía.

En el espíritu de Elías, estos profetas llevarán el manto de la autoridad divina, exhibiendo el celo, el coraje y la fuerte conexión con Dios que caracterizó al profeta Elías. A medida que caminen alineados con la voluntad de Dios y operen bajo su unción, serán fundamentales para provocar sucesos extraordinarios y sobrenaturales que trascienden la comprensión humana o la explicación científica.

Estos actos milagrosos servirán como señales de la presencia de Dios y de su deseo de restaurar el asombro y la reverencia en los corazones de su pueblo. La iglesia será testigo de sanidades físicas, liberación de la esclavitud, restauración de vidas quebrantadas y encuentros con lo divino que encenderán una nueva sensación de asombro y maravilla entre los creyentes.

A través de estos profetas ungidos, Dios mostrará su autoridad sobre el mundo natural, manifestando que nada es imposible para él. A medida que la iglesia sea testigo de estas obras poderosas, se acercará más a Dios, profundizando su fe e inspirando una mayor devoción a Aquel que realiza actos tan extraordinarios.

En esta temporada divina, el ministerio profético desempeñará un papel fundamental para lograr la renovación, el despertar y la restauración espiritual en los corazones de los creyentes. La unción de Dios sobre los

Elías de hoy servirá como catalizador para el avivamiento, marcando el comienzo de un tiempo de adoración lleno de asombro, fe firme y mayor ansia de una relación más profunda con el Todopoderoso. La iglesia será impulsada a buscar de todo corazón la presencia de Dios, y su gloria será magnificada entre ellos.

Capítulo 12

El giro de los corazones

LA UNCIÓN DE Elías viene para enfrentar la falta de padres en nuestra generación. Como mencioné en la introducción, la falta de padres se encuentra en niveles epidémicos en nuestra nación. Según la Oficina del Censo de Estados Unidos, en 2022, había casi 18,4 millones de niños que vivían en hogares sin un padre presente.[1] Para poner eso en perspectiva, esa cifra es más del doble de la población de la ciudad de Nueva York.

Los niños criados en hogares sin un padre tienen cuatro veces más probabilidades de vivir en la pobreza, siete veces más probabilidades de enfrentar un embarazo en la adolescencia, más probabilidades de tener problemas de conducta, más probabilidades de abandonar la escuela, más probabilidades de abusar del alcohol o las drogas, más probabilidades de que cometan actos criminales, que acaben en prisión y que sufran abusos.[2] Las huellas dactilares del enemigo están por todas partes en el tema de la falta de padre. Pero el Padre quiere abordar esa cuestión precisamente.

En el desarrollo divino del avivamiento del fin de los tiempos, resuena un eco poderoso que conecta la esencia del ministerio histórico de Elías con las palabras proféticas de Malaquías. Este glorioso avivamiento se caracterizará por una profunda manifestación del poder de Dios, confirmando el mensaje de Elías con el espíritu de profecía, tal como se vio en los días de antaño.

En las palabras proféticas de Malaquías emerge un mensaje clave: un mensaje que transforma los corazones. La voluntad de Dios con los hijos y los huérfanos ocupa un lugar central, llamando la atención sobre sus necesidades y su bienestar en los propósitos finales de Dios en cuanto a ver que se haga justicia en la tierra.

> "Estoy por enviarles al profeta Elías antes que llegue el día del Señor, día grande y terrible. Él hará que los padres se reconcilien con sus hijos y los hijos con sus padres; así no vendré a herir la tierra con destrucción total".
>
> —Malaquías 4:5-6

En esta temporada milagrosa, los padres, tanto naturales como espirituales, experimentarán una transformación divina. El cambio de sus corazones presagiará una época de abundante generosidad en la que hombres poderosos renunciarán a sus recursos por el bien de los niños. Este acto de altruismo trasciende la influencia mundana a medida que los padres inundan las vidas de aquellos que no pueden ofrecer nada a cambio.

Los huérfanos, aquellos que carecen de una figura paterna en sus vidas, tienen un lugar especial en el corazón de Dios. No son simplemente huérfanos sino almas que merecen amor, cuidado y guía. El poder de Dios, como se atestigua en el ministerio de Elías, se dirigirá a estos vulnerables al llamar la atención sobre sus necesidades, tanto físicas como emocionales.

En este avivamiento trascendental, abracemos el llamado a volver nuestros corazones: extender amor y apoyo a los huérfanos, ser mentores de ellos, guiar a la generación más joven y valorar el vínculo sagrado dentro de nuestras familias. Al prestar atención a este mandato divino, nos convertimos en vasos del amor de Dios e instrumentos de su justicia en el fin de los tiempos, iniciando una transformación que trasciende el tiempo y ha de resonar por toda la eternidad.

El espíritu paternal

Dios es un Padre. Es una de sus funciones principales. Por eso, el tema de la falta de padres entristece su corazón. El Señor siempre ha tenido compasión por los huérfanos; eso no comenzó simplemente cuando se extendió la epidemia de falta de padres. La Torá, o la ley, hace referencia doce veces al cuidado de los huérfanos. La Palabra dice que el Señor "hace justicia a los huérfanos", es "ayudador de los huérfanos", es "padre de los huérfanos" y "alivia a los huérfanos", y en él "los huérfanos hallan misericordia" (Deuteronomio 10:18; Salmos 10:14; 68:5; 146:9; Oseas 14:3).

Parte de la función del padre es identificar, dar nombre a su hijo y hacer que se manifieste el destino del niño. Debido a la falta de padres, tanto naturales como espirituales, muchos hijos crecen sin las conexiones familiares que les proporcionan la base para perseguir los propósitos que Dios les ha dado y cumplir sus destinos divinos en sus vidas. La unción de Elías porta un espíritu paternal que ubica a los solitarios en familias y llama a las generaciones a regresar a sus identidades y destinos en el reino de Dios.

En el tapiz del avivamiento del fin de los tiempos, el cambio del corazón de los padres se convierte en una misión multifacética:

- Volver el corazón de los padres naturales hacia sus familias constituye la restauración divina de la unidad familiar. Los padres asumirán sus funciones con amor y devoción, proporcionando entornos enriquecedores para que sus hijos crezcan y florezcan.
- Los padres y las madres espirituales en la iglesia asumirán el papel de mentores y se verterán sobre la generación más joven. Transmitirán la sabiduría y la fe de las generaciones pasadas, capacitando a la próxima ola de creyentes para levantarse y llevar la antorcha de la verdad. El llamado a convertir los corazones de los padres y madres espirituales en la iglesia es un mandato divino para guiar y nutrir a la generación más joven. Guiados por el poder de Dios, los líderes espirituales asumirán su papel de mentores, impartirán sabiduría y compartirán su camino de fe. A medida que inviertan en el crecimiento espiritual y el

desarrollo de la próxima generación, se ha de arraigar una poderosa transformación en la iglesia, fomentando la unidad, el propósito y un legado constante de fe.

- Los padres en la sociedad —ya sea en la iglesia, el gobierno, el mercado o cualquier ámbito de influencia— extenderán su cuidado y protección a los huérfanos. El cambio de sus corazones pondrá en marcha una ola de compasión y justicia, garantizando el bienestar de los necesitados.

A medida que el espíritu y la unción de Elías hallen resonancia en los corazones de los fieles, una transformación divina se ha de extender por toda la tierra. El avivamiento del fin de los tiempos, caracterizado por el ministerio de Elías, se acerca y trae consigo una temporada de reconciliación, amor y restauración divina. En el vasto tejido de la sociedad, que abarca los ámbitos de la iglesia, el gobierno, el mercado y más allá, se avecina una profunda transformación. El poder del amor de Dios busca volver el corazón de los padres hacia los huérfanos. Los padres en posiciones de influencia y autoridad extenderán sus brazos compasivos y protectores a los que carecen de guía paterna, asegurando que se satisfagan las necesidades de los vulnerables y se escuchen sus voces.

En esta convergencia del poder divino y la respuesta humana, los propósitos de Dios en los últimos tiempos de hacer justicia encuentran su punto focal en el bienestar de los niños. A medida que los corazones de los hombres poderosos se vuelven hacia esas almas inocentes, una ola de transformación comienza a extenderse por las familias, las comunidades y las sociedades en general. Este derramamiento de compasión y cuidado refleja el corazón de Dios, que llama a sus hijos a convertirse en instrumentos de su amor y su justicia.

Los más vulnerables y que necesitan la intervención de un juez justo son a menudo los huérfanos: niños que son maltratados, explotados o abandonados, particularmente en las sombras oscuras de la trata de personas. Los huérfanos se encuentran en situaciones precarias, susceptibles a diversas formas de explotación e injusticia. Dentro de la cruda realidad de la trata de personas, se convierten en víctimas de horrores indescriptibles, despojados de su inocencia y sometidos a un sufrimiento inimaginable. Descuidados por la sociedad, se enfrentan a una falta de atención, orientación y protección, lo que los deja expuestos a un mundo que no reconoce su valor. El corazón de Dios está profundamente conmovido por su difícil situación, y su justicia exige una acción rápida para proteger y defender sus derechos.

En las Escrituras encontramos amonestaciones divinas contra quienes explotan a los vulnerables, incluidas las viudas y los huérfanos. Malaquías 3:5 es un recordatorio conmovedor de la postura de Dios sobre tales asuntos: "'De modo que me acercaré a ustedes para juicio. Estaré presto a testificar contra los hechiceros, los adúlteros y los perjuros, contra los que explotan a sus jornaleros; contra los que oprimen a las viudas, a los huérfanos y niegan el derecho del extranjero, sin mostrarme ningún temor', dice el Señor de los Ejércitos".

La justicia de Dios no es solo un medio de retribución, sino un llamado misericordioso a detener a quienes perpetran el mal contra los huérfanos y los marginados. En su divina sabiduría, Dios levanta su mazo de justicia para proteger a los inocentes y responsabilizar a los perpetradores por sus acciones. El propósito del juicio es poner fin a la explotación y al abuso, hacer que cese la opresión y el abandono, y restaurar la dignidad y la esperanza a los huérfanos.

Estamos llamados a hacer eco del deseo de Dios por la justicia, defendiendo a los huérfanos y a todos los oprimidos. Nuestra misión es arrojar luz en la oscuridad, exponer las atrocidades ocultas de la trata de personas y extender una mano amiga a los necesitados. Al participar activamente en la lucha contra la explotación, nos convertimos en vasos de la justicia de Dios, instrumentos de cambio en un mundo que anhela la redención.

En este camino de justicia, recordemos las palabras del profeta Isaías: "¡Aprendan a hacer el bien! ¡Busquen la justicia y restituyan al oprimido! ¡Aboguen por el huérfano y defiendan a la viuda!" (Isaías 1:17). Al permanecer unidos en la búsqueda de justicia para los huérfanos, ejemplificamos el amor y la compasión de nuestro justo Juez, anunciando un futuro en el que los vulnerables estarán protegidos, los oprimidos serán liberados y los huérfanos hallarán consuelo y seguridad en el abrazo de un sociedad solidaria.

LOS CORAZONES DE LOS PADRES Y DE LOS HIJOS

Los Elías de nuestros tiempos son llamados a volver el corazón de los padres hacia sus hijos y el corazón de los hijos hacia sus padres. Ellos portan un espíritu paternal. Llevan un manto de restauración para las familias. Pero para que las familias sean restauradas, para que los corazones de los padres se vuelvan hacia sus hijos, primero debe haber otro giro: el regreso de los corazones al Señor. Por eso el mensaje de arrepentimiento y reforma es vital para quienes tienen el espíritu y la unción de Elías.

Elías predicó mensajes que transformaron los corazones. Era un predicador de justicia. Para asumir esta parte del manto de Elías, debemos orar: "¡Dios, permite que predique el mensaje que nadie quiere exponer!". Son mensajes llenos de poder, pasión, santidad, fuego y justicia. Son mensajes que producen señales y prodigios. Están acompañados de oración e intercesión. Son mensajes confrontativos y sinceros. Son mensajes adornados con el celo del Señor, que edifican a los hombres y no solo los bendice. Al proclamar el pago de Dios a la idolatría, los mensajes producen la justicia de Dios en la tierra.

La unción de Elías vuelve el corazón de los padres hacia sus hijos y el corazón de los hijos hacia sus padres. Es un llamado a restablecer las relaciones entre padres e hijos, así como a promover la unidad y el amor familiar. Este aspecto del espíritu y la unción de Elías es muy importante porque la conducta de los padres terrenales incide en la forma en que las personas ven a su Padre celestial.

El Señor dijo: "Nunca te dejaré ni te desampararé" (Hebreos 13:5), pero puede ser difícil de creer eso si tu padre terrenal te abandonó.

El Señor dijo: "Con amor eterno te he amado" (Jeremías 31:3), pero eso puede ser difícil de creer si el amor de tu padre terrenal fue condicional.

La Palabra dice que Dios "sana a los quebrantados de corazón" (Salmos 147:3), pero eso puede ser difícil de creer si tu padre te destrozó el corazón.

Mucha gente anda por ahí con heridas causadas por un padre, pero el Señor quiere sanar esas heridas. Quiere ver corazones restaurados. Quiere que se restablezcan las relaciones. Quiere ver familias restauradas.

El mensaje profético de Malaquías añadió una clave significativa al ministerio de los Elías de hoy: el giro del corazón de los padres hacia los hijos y el corazón de los hijos hacia sus padres. Este profundo mensaje resalta la importancia de las relaciones familiares, particularmente el vínculo entre padres e hijos.

En Malaquías 4:6 encontramos esta poderosa declaración: "Él volverá el corazón de los padres hacia sus hijos, y el corazón de los hijos hacia sus padres, para que no venga yo y hiera la tierra con maldición". Este versículo resume el deseo de Dios para reconciliar y promover la unidad dentro de las familias. El papel del profeta, similar al de Elías, es facilitar este cambio de corazones, marcando el comienzo de la sanación y restauración de las relaciones fracturadas.

El hecho de que los corazones de los padres se vuelvan hacia sus hijos implica un cambio en cuanto al amor, el cuidado y la participación activa en sus vidas. Ello exhorta a los padres a asumir las responsabilidades que Dios les ha encomendado, cuidando, criando y guiando a sus hijos con un corazón compasivo y con gracia. La ausencia de esta conexión puede provocar ruptura y vacío en la vida de los niños.

Al mismo tiempo, volver el corazón de los niños hacia sus padres implica honrar y valorar la figura paterna. Eso refleja una respuesta de confianza y respeto hacia los padres, reconociendo su papel vital en la configuración y guía de sus vidas. Este afecto y comprensión mutuos fortalecen la unidad familiar y crean una base de amor y apoyo.

La importancia de este mensaje clave radica en el poder transformador que lleva consigo para las familias y la sociedad en su conjunto. Cuando los padres asumen su papel con amor y responsabilidad, y cuando los niños honran y responden a ese amor, las familias prosperan y las comunidades florecen. El giro de los corazones produce un efecto dominó de cambio positivo, fomentando un sentido de pertenencia, estabilidad y bienestar emocional.

Los Elías de hoy usan el manto para llamar a las familias a regresar al diseño previsto por Dios. Su ministerio implica más que solo palabras proféticas; abarca la esencia misma de la voluntad de Dios en pro de la reconciliación y la restauración. A través de su influencia y su guía, los Elías actuales inspiran a padres e hijos a cerrar las brechas que puedan haber surgido, creando un camino para que fluyan las bendiciones y el favor de Dios.

Al prestar atención al mensaje clave de Malaquías y abrazar el cambio de los corazones en el marco de las familias, abrimos la puerta a la gracia y la intervención de Dios. La transformación que ocurre dentro de la unidad familiar se extiende a la sociedad, provocando un cambio colectivo hacia la unidad, el amor y la armonía. Así que, seamos receptivos al llamado profético y participemos activamente en tornar nuestros corazones mutuamente, porque al hacerlo seguimos los pasos de Elías y allanamos el camino para que las bendiciones de Dios se derramen sobre la tierra.

Lo que Dios desea para los niños

En el gran tapiz de la justicia divina de Dios, emerge un punto focal importante: el bienestar de los niños en los últimos tiempos. A medida que el mundo se acerca a la culminación de la historia, el propósito de Dios en cuanto a la justicia y la restauración encuentra una expresión profunda en el cuidado, la protección y la elevación de las almas vulnerables e inocentes: los niños.

En la esencia de la justicia de Dios se encuentra una profunda compasión por los huérfanos, los marginados y los oprimidos. Los propósitos con la justicia de los últimos tiempos no se limitan a un mero equilibrio de balanzas o retribución; más bien, son un llamado a brindar sanación y plenitud a quienes más necesitan la intervención divina.

En el contexto del bienestar de los niños, la justicia de Dios busca abordar varias dimensiones:

- Protección contra el daño. En un mundo plagado de peligros e incertidumbres, la justicia de Dios es un escudo para los niños. Escudo que pide la erradicación de la violencia, la explotación y el abuso que amenazan su seguridad. El corazón de Dios se rompe por los inocentes que sufren a manos de la injusticia, por lo que su justicia busca crear un refugio seguro para ellos.

- Provisión para las necesidades básicas. Los propósitos de Dios en los últimos tiempos abarcan la provisión de las necesidades básicas (comida, vivienda, ropa y educación) para todos los niños. La voluntad de Dios es que ningún niño padezca hambre ni privaciones, por lo que su justicia exige una distribución equitativa de los recursos para garantizar que todos los niños tengan la oportunidad de prosperar.

- Crianza y guía. La justicia de Dios no solo se ocupa del bienestar físico de los niños sino también de su crecimiento emocional, mental y espiritual. De ahí que requiera entornos acogedores y cuidadores amorosos que puedan guiar a los pequeños por el camino de la rectitud e inculcarles un sentido de propósito y pertenencia.

- Oportunidades equitativas. En la visión de justicia de Dios, no hay barreras ni prejuicios basados en género, raza o condición social. Todos los niños son vistos como valiosos e iguales ante sus ojos, y su justicia busca nivelar el campo de juego, brindando oportunidades equitativas para que cada niño prospere.

- Restauración y sanación. Para los niños que han experimentado traumas y dificultades, la justicia de Dios ofrece restauración y sanación. Busca reparar el quebrantamiento y traer consuelo a los corazones heridos, restaurando la esperanza y la alegría en sus vidas.

A medida que se acerca el fin de los tiempos, los propósitos de justicia de Dios se activan y el bienestar de los niños ocupa un lugar central. En este escenario divino, somos llamados a ser agentes de justicia, extendiendo nuestras manos con amor y compasión a los niños que nos rodean. Al encarnar la justicia de Dios en acción, nos convertimos en instrumentos de transformación, construyendo un mundo donde se defiende y se valora el bienestar de los niños.

En la narrativa de la justicia de los tiempos finales, recordemos las palabras de Jesús: "Dejen que los niños vengan a mí; no se lo impidan, porque el reino de los cielos es de quienes son como ellos" (Mateo 19:14). Al defender el bienestar de los niños, nos alineamos con la voluntad de Dios, marcando el comienzo de un futuro en el que la justicia y el amor reinan supremos y los niños son atesorados como los preciosos regalos que son.

La conversión del corazón de los niños

En la tarea de dirigir los corazones de los hijos hacia sus padres, los Elías de hoy pueden desempeñar un papel importante al abordar la causa fundamental de la gran falta de ley en la sociedad, que a menudo está relacionada con la falta de figuras paternas. Al llevar el espíritu y la unción de Elías, estos profetas proclamarán un mensaje de restauración y reconciliación, centrándose en el papel vital de los padres en la sociedad.

Los profetas Elías de hoy enfrentarán con valentía las consecuencias de la falta de padre y su impacto en la generación más joven. A través de sus declaraciones proféticas, expondrán el quebrantamiento causado por la ausencia de figuras paternas fuertes y el vacío resultante en las vidas de los niños. Arrojarán luz sobre cómo esta ausencia puede generar sentimientos de abandono, falta de orientación y una búsqueda de identidad y pertenencia fuera del hogar.

Estos profetas pedirán una restauración de la paternidad, instando a los padres a levantarse y ocupar el lugar que les corresponde en la vida de sus hijos. Enfatizarán la importancia de que los padres estén presentes, involucrados y comprometidos con la vida de sus familias. A través de ideas proféticas, revelarán el poder transformador de una figura paterna amorosa y solidaria, alguien que nutre y guía a los niños con sabiduría y compasión piadosas.

En su ministerio, los Elías de hoy también se dirigirán a quienes tienen autoridad en la sociedad: líderes gubernamentales, personas influyentes en el mercado y otras figuras clave. Retarán a estos líderes a reconocer el papel fundamental que desempeñan en la configuración del tejido moral de la sociedad. Al adoptar la rectitud, la justicia y la compasión en su liderazgo, estas figuras de autoridad pueden crear un impacto positivo en la generación más joven. En cuanto a los líderes gubernamentales que dan forma a las políticas, los Elías contemporáneos los desafiarán a priorizar los derechos y la seguridad de los niños en sus tomas de decisiones. Exigirán leyes y políticas que protejan a los niños de la explotación, el abuso y el abandono. Estos profetas enfatizarán la necesidad de medidas sólidas de protección infantil, acceso a una educación de calidad y provisiones para necesidades básicas como atención médica y nutrición.

De manera similar, en el ámbito de los *influencers* del mercado, los Elías de hoy llamarán a los líderes a liderar con prácticas comerciales éticas que prioricen el bienestar de los niños. Instarán a los líderes empresariales a abstenerse de explotar el trabajo infantil e invertir en proyectos que mejoren a las comunidades y contribuyan al bien común. Al adoptar estándares éticos, las personas influyentes en el mercado darán un ejemplo que inspirará a los niños a perseguir los valores de justicia, compasión y responsabilidad.

A medida que los niños sean testigos de la rectitud en acción a través de estos líderes, se sentirán inspirados a cultivar valores que promuevan el bien común. Serán testigos del impacto de los líderes que dan prioridad al bienestar de los niños y las poblaciones vulnerables, y reconocerán la importancia de defender la justicia y la compasión en sus propias vidas.

A medida que los corazones de los niños se vuelvan hacia aquellos que tienen autoridad y que ejemplifican las virtudes divinas, habrá un cambio en los valores sociales. Se fomentará el respeto a la autoridad, la responsabilidad y el deseo de contribuir positivamente a la sociedad. Esta transformación contrarrestará directamente las causas fundamentales de la anarquía, a medida que los niños encuentren modelos positivos para emularlos y guiarlos por el camino de la rectitud.

En última instancia, a través de su ministerio profético, los Elías modernos resaltarán la importancia de las unidades familiares fuertes, en las que los padres conduzcan y guíen amorosamente a sus hijos. Abogarán por una cultura que valore y priorice la paternidad, reconociendo el inmenso impacto que tiene en la estabilidad y el bienestar de la sociedad en su conjunto.

Al volver los corazones de los niños hacia aquellos que tienen autoridad y abordar el tema de la falta de padre, los profetas que caminen en el espíritu y la unción de Elías allanarán el camino para una generación basada en principios piadosos, respetuosa de la autoridad y facultada para ser agentes de un cambio positivo en un mundo hambriento de justicia y restauración.

EL DIOS DE LA JUSTICIA

El juicio de Dios se acerca rápidamente para detener a quienes explotan a los niños huérfanos.

Presta atención a todos los que se atreven a infligir dolor y sufrimiento a los inocentes y vulnerables. El momento del ajuste de cuentas está cerca y la justicia de Dios se ejecutará sin demora.

A aquellos que explotan cruelmente a los huérfanos, escuchen esta advertencia: sus malvados planes y sus crueles acciones no escaparán al escrutinio divino. Los ojos de Dios están sobre ustedes y pondrá fin a sus actividades malévolas.

Los gritos de los huérfanos han llegado a los cielos, y el corazón de Dios se conmueve con justa ira. Se levantará como un juez poderoso para defender y proteger a los indefensos.

Estas almas inocentes ya no serán víctimas de la oscuridad y la opresión. El juicio de Dios brillará como una luz radiante, exponiendo las malas acciones de los explotadores y deteniéndolas.

Se acabó el tiempo de la impunidad; nadie puede esconderse de la mirada omnisciente de Dios. Él ve el dolor y el trauma infligidos a los huérfanos, por lo que no se quedará de brazos cruzados.

Para aquellos que se han hecho de la vista gorda ante esta injusticia, presten atención y arrepiéntanse. El juicio de Dios no se limita a los perpetradores; se extiende a todos los que han permitido que ese mal persista.

Sin embargo, no temas, porque Dios también es un Dios de misericordia y redención. A los hijos huérfanos que han sufrido a manos de los explotadores, sepan que el corazón de Dios está con ustedes. Él extenderá sus brazos amorosos para protegerlos y consolarlos.

Mientras las ruedas de la justicia divina giran, que tiemblen los explotadores ante la ira de Dios. Su juicio será rápido y seguro; y su mano pondrá fin a su maldad.

Que esta declaración profética sea un llamado a la acción para todos los que defienden la justicia. Únanse en la lucha contra la explotación de los huérfanos, porque el juicio de Dios se acerca y su justicia prevalecerá. Manténganse unidos y fuertes, porque el día del ajuste de cuentas está cerca.

Que este mensaje resuene por todas partes, sirviendo como un faro de esperanza y una advertencia para aquellos que perpetran el mal contra los huérfanos. Que resuene en los pasillos de la oscuridad, declarando que el juicio de Dios viene para detener la explotación y traer una nueva era de protección, amor y restauración para los niños huérfanos.

Capítulo 13

La generación de la doble porción

L A MANERA DE hacer avanzar el reino de Dios en la tierra es a través de la reproducción. En la era de la generación de la doble porción, los Elías tienen un llamado profundo a buscar a sus Eliseo. Así como el profeta Elías encontró a Eliseo y le impartió su unción, los Elías de hoy tienen la responsabilidad de transmitir una porción aún mayor de los dones que Dios les dio a los próximos portadores del manto profético.

Al encontrar a sus Eliseo, los Elías reconocerán la importancia de invertir tiempo, amor y sabiduría en la próxima generación de profetas y líderes. Aprenderán a reconocer el potencial de aquellos que a primera vista podrían parecer insignificantes, confiando en que el poder de Dios puede manifestarse poderosamente incluso a través de los vasos más ordinarios.

A medida que los Elías se embarquen en esta travesía de tutoría, verán los efectos en cadena de su impartición repercutir a través de generaciones. Las semillas que siembran en las vidas de los Eliseo florecerán y se convertirán en una abundante cosecha de voces proféticas que impactarán a las naciones y llevarán hacia adelante la antorcha de la verdad y la justicia.

El gozo de pasar el manto se hará evidente cuando Elías sea testigo del crecimiento, la fecundidad y el impacto de sus hijos e hijas espirituales. Se regocijará al saber que su legado no solo se conserva sino que se multiplica, a medida que los Eliseo se levantan para abrazar sus destinos y cumplir el llamado de Dios a sus vidas.

En esta era de la generación de la doble porción, que Elías se levante con un corazón de humildad y dedicación. Que busque activamente a su Eliseo, dispuesto a derramar en él todo lo que Dios les ha concedido. A medida que cumpla con esta parte crucial de su mandato, verá cómo el movimiento profético se eleva a nuevas alturas, marcando el comienzo de un avivamiento que trasciende el tiempo y el espacio.

Que los Elías de hoy encuentren gozo al pasar el testigo de la unción profética, sabiendo que a través de su obediencia, están dando forma a una generación poderosa y ungida de los Eliseo que continuarán siguiendo los pasos de sus antepasados espirituales.

Cómo encontrar a Eliseo

Cuando Elías estaba en el monte Horeb con el Señor, este le informó que su tarea aún no había terminado. Elías todavía tenía cosas que hacer. Elías había sido testigo de una gran victoria del Señor en el monte Carmelo, pero ese no fue el final. Entre otras cosas, Dios le dijo a Elías que fuera a buscar a su sucesor.

En realidad, el Señor fue muy específico en cuanto a la identidad del sucesor de Elías: "Unge también a Eliseo, hijo de Safat, de Abel Mejolá, para que te suceda como profeta" (1 Reyes 19:16). El Señor también fue muy específico respecto a la asignación de Elías en relación con Eliseo. Debía ungirlo. Ungir significa untar aceite y, por supuesto, el aceite representa al Espíritu Santo. Pero Dios le dijo a Elías que ungiera a Eliseo "en tu lugar".

La palabra hebrea allí es *tahat*, que significa en lugar de, debajo, debajo de y al pie de. La tarea de Elías no era simplemente derramar un poco de aceite sobre la cabeza de Eliseo y terminar de una vez. Debía tomar a Eliseo bajo su protección, permitirle aprender a sus pies y entrenarlo dejando que Eliseo siguiera sus pasos.

Encontrar a tu sucesor no solo tiene que ver con hallar a la persona adecuada, aunque definitivamente debes asegurarte de hacer eso. También se trata de entrenarlos, enseñarles, impartirles sabiduría, dejarles aprender de tus experiencias y tus errores, permitirles acceso a tu vida y derramar en ellos todo lo que puedas para capacitarlos a fin de que cumplan su tarea.

Cuando Elías fue a buscar a Eliseo, lo encontró trabajando en los campos de su padre. Cuando buscas a alguien a quien pasarle tu manto profético, necesitas hallar a alguien que ya esté trabajando, alguien que tenga la madurez para laborar en nombre del Señor porque está comprometido con él. Necesitas a alguien con ética de trabajo y sentido de responsabilidad.

En mi caso, cuando sentí que el Señor movió mi corazón y me dijo que me había llamado como madre de la próxima generación, comencé a observar al cuerpo de Cristo en busca de personas que ya estuvieran sirviendo y ya tuvieran la visión de ser parte del equipo profético pero que necesitaban pasar al siguiente nivel. Dejé que la unción del Espíritu Santo me dirigiera hacia las personas adecuadas y les pedí que se reunieran conmigo en mi casa los lunes por la noche para unas clases en las que oraría y orientaría a la próxima generación de profetas.

Necesitas encontrar personas que ya estén comprometidas con la obra de Dios, que ya tengan una relación con el Señor. Encontré hijos e hijas que ya se estaban moviendo en las cosas de Dios y sirviéndolo. Recuerda que los Elías son profetas tanto de palabra como de hechos. La próxima generación debe ser igual. Mucha gente habla de un buen juego, pero no hay acciones que acompañen la charla. Cuando buscamos transmitir el espíritu y la unción de Elías a la próxima generación, debemos hallar personas que muestren su fe mediante sus obras.

Como madre espiritual ungida con el espíritu y la unción de Elías, mi labor impartiendo enseñanzas y asesorando personas se desarrolla bajo la guía y la sabiduría divinas. En esta función sagrada, cuento mis experiencias personales, progresando hasta convertirme en una figura que recuerda a Elías, liderando y guiando en el ámbito de lo profético. La alegría y la plenitud que surgen al cumplir este mandato divino son profundas y resuenan profundamente dentro de mi ser.

Convertirme en madre espiritual con el espíritu y la unción de Elías no fue una transformación instantánea, sino un proceso gradual y decidido orquestado por la mano de Dios. Así como Elías pasó su unción a Eliseo, entiendo la profunda responsabilidad de nutrir y empoderar a la próxima generación de líderes espirituales.

En este llamado único, me convierto en un recipiente del amor y la sabiduría de Dios, derramando en las vidas de mis hijos espirituales la esencia de mi propia marcha en el ámbito profético. Ser testigo de su crecimiento y su transformación es un testimonio del poder de la impartición divina y del impacto de gran alcance que crea dentro del dominio profético.

El camino de una madre espiritual no está exento de desafíos, pero con la gracia de Dios encuentro la fuerza para superar cada obstáculo. Con humildad, vulnerabilidad y un corazón dedicado a servir a los demás, acepto este privilegio divino y encuentro alegría y satisfacción incomparables en mi rol.

Los vínculos formados entre mis hijos espirituales y yo trascienden el ámbito físico y están entrelazados en el tejido de la eternidad. Juntos formamos una familia espiritual, unidos por el propósito común de caminar en el espíritu y la unción de Elías, llevando el manto profético con reverencia y pasión.

Mi historia es una inspiración para todos los que son llamados a abrazar el manto de la maternidad espiritual con el espíritu y el poder de la unción de Elías. Es un recordatorio de que este viaje de impartición y tutoría es un privilegio sagrado y una oportunidad para moldear destinos en pro del avance del reino de Dios.

En esta era de la generación de la doble porción resuena el llamado a ser un padre espiritual con el espíritu y el poder de la unción de Elías. Soy un faro de esperanza y aliento, instando a otros a asumir este llamado divino, nutriendo y empoderando a la próxima generación de profetas y líderes.

Que el legado de los padres espirituales con el espíritu y el poder de la unción de Elías continúe impactando a las generaciones mientras caminamos tras los pasos de Elías, encendiendo el fuego de lo profético y dejando una marca duradera en las vidas de aquellos a quienes asesoramos y empoderamos para la gloria de Dios.

IMPARTICIÓN PROFÉTICA

Al observar la relación entre Elías y Eliseo, parece que Elías no estaba tan interesado en impartir sus dones a Eliseo como este en recibirlos. De hecho, si lees el texto con atención, te darás cuenta de que Elías inicialmente simplemente arrojó su manto sobre Eliseo y siguió adelante; Eliseo tuvo que correr tras él:

> Elías salió de allí y encontró a Eliseo, hijo de Safat, que estaba arando. Había doce yuntas de bueyes en fila y él mismo conducía la última. Elías pasó junto a Eliseo y arrojó su manto sobre él. Entonces Eliseo dejó sus bueyes y corrió tras Elías.
>
> —Permítame despedirme de mi padre y de mi madre con un beso —dijo él—, y luego lo seguiré.
>
> —Anda, ve —respondió Elías—. Yo no te lo voy a impedir.
>
> —1 REYES 19:19-20

Aunque claramente no estaba muy entusiasmado con ser mentor de Eliseo, en verdad, Elías tenía la responsabilidad crucial de pasar el manto y la unción a la siguiente generación. Este aspecto de la tarea puede resultar desafiante para algunos Elías, ya que guiar y empoderar a otros requiere humildad y voluntad del que instruye.

Los Elías de hoy ganarán perspectiva a medida que acepten su papel de levantar a los Eliseo del futuro. Llegarán a comprender que pasar el manto profético no es solo un deber sino un privilegio: una comisión sagrada que da forma a los destinos y lleva adelante el plan divino.

La Palabra es clara en cuanto a que los mantos y la unciones se pueden impartir o transferir. Eliseo recibió el manto de Elías, y 2 Reyes 2:15 dice: "El espíritu de Elías reposa sobre Eliseo". Dios también tomó del mismo espíritu que estaba sobre Moisés y se lo dio a los setenta ancianos de Israel: "Entonces el Señor descendió en la nube, y le habló, y tomó del Espíritu que estaba sobre él, y puso el mismo sobre los setenta ancianos; y aconteció que cuando el Espíritu reposó sobre ellos, profetizaron" (Números 11:25).

Impartir el espíritu profético a la próxima generación es fundamental porque una iglesia no puede ser profética sin profetas. La iglesia necesita profetas. Son parte del quíntuple ministerio y revelan la palabra del Señor a la iglesia para corregir, exhortar, confirmar, advertir, librar, recomendar y muchas otras cosas. Los profetas desempeñan un papel fundamental al capacitar a otros para que entren en el ámbito profético.

Pablo escribió en su Carta a los Romanos: "Tengo muchos deseos de verlos para impartirles algún don espiritual que los fortalezca; mejor dicho, para que unos a otros nos animemos con la fe que compartimos" (1:11-12). Los dones espirituales brindan estabilidad, fortaleza y aliento al cuerpo de Cristo, y cuando un creyente maduro imparte un don a otro creyente, es mutuamente beneficioso. La palabra para impartir es *metadidōmi*, que significa compartir algo con cualquiera. Cuando impartes un don espiritual a alguien, no pierdes el tuyo. Y si bien la impartición no se limita a los profetas, estos tienen una gran capacidad para transferir a otros. Dios imparte grandes bendiciones a los creyentes a través de los profetas y la profecía.

Cuando caminas en el espíritu y la unción de Elías, es posible que te muestres reacio a impartir tu don a otro, tal como lo hizo Elías. Pero recuerda, la impartición es mutuamente beneficiosa. Cuando impartes tu don a otros, cuando los entrenas y los dejas ministrar bajo tu mando, eso te hace madurar. Desarrolla tu don aún más. Y cuando tengas la oportunidad de ver a aquellos a quienes has guiado y asesorado comenzar a caminar en la plenitud de sus llamamientos, experimentarás un gran gozo por haber cumplido esa parte de tu mandato profético.

El poder y los beneficios de la impartición son impresionantes y transformadores. La impartición tiene que ver con la transmisión de dones espirituales, unción y bendiciones divinas de una persona a otra. Es un intercambio sagrado en el que el flujo de la gracia y la autoridad de Dios cierra la brecha entre el dador y el receptor, lo que resulta en un profundo crecimiento y empoderamiento espiritual.

- Activación de dones espirituales. La impartición enciende y activa los dones espirituales dentro del receptor. A medida que se transfiere la unción, se despiertan los dones latentes y las personas descubren nuevas dimensiones de su llamado y propósito en el reino de Dios. Son equipados para operar con habilidades sobrenaturales en beneficio de los demás. (Ver 2 Timoteo 1:6).

- Empoderamiento sobrenatural. La impartición libera un empoderamiento sobrenatural que capacita a las personas para ir más allá de sus limitaciones naturales. A través de la unción, obtienen sabiduría, fuerza y coraje sobrenaturales para superar desafíos y cumplir sus asignaciones divinas. (Ver Hechos 1:8).

- Crecimiento espiritual acelerado. La impartición de la gracia de Dios acelera el crecimiento y la madurez espiritual. Acelera el proceso de desarrollo del carácter y alinea a las personas con el deseo y la voluntad de Dios. Experimentan una intimidad cada vez más profunda con Dios y una mayor sensibilidad a la dirección del Espíritu Santo. (Ver 1 Pedro 2:2).

- Avances y milagros. La impartición abre la puerta a avances y milagros. Libera el poder de la fe y la creencia, lo que conduce a manifestaciones milagrosas en diversas áreas de la vida. Se rompen cadenas, se recibe sanidad y el poder de Dios da vuelta a situaciones imposibles. (Ver Santiago 5:14-15).

- Transferencia de sabiduría. Junto con la unción, la impartición trae consigo la transferencia de sabiduría y revelación divinas. A medida que se comparten conocimientos espirituales, las personas obtienen una comprensión más profunda de la Palabra de Dios y sus caminos. Reciben ideas que los llevan a tomar decisiones sabias y a caminar en alineación con los propósitos de Dios. (Ver Proverbios 9:10).

- Identidad y confianza fortalecidas. La impartición refuerza la identidad del receptor como hijo amado de Dios. Inculca un sentido de propósito, valor y destino, capacitándolos para caminar con valentía y confianza en su llamado. (Ver 1 Pedro 2:9).

- Liderazgo ungido. La impartición equipa a los líderes con la unción para dirigir con sabiduría, compasión y discernimiento. Les permite pastorear a otros de manera eficaz, guiándolos hacia el crecimiento y la transformación espiritual. (Ver Isaías 11:2).

- Unir el cuerpo de Cristo. La impartición fomenta la unidad dentro del cuerpo de Cristo. A medida que se imparten y reciben dones espirituales, creyentes de diversos orígenes se unen, funcionando como un cuerpo armonioso y poderoso, cada uno contribuyendo con sus fortalezas y llamados especiales. (Ver Efesios 4:4).

- Transmisión del legado. La impartición perpetúa el legado de hombres y mujeres piadosos, asegurando que su unción y sus conocimientos sean transmitidos a las generaciones futuras. Asegura una herencia espiritual que impacta innumerables vidas para las generaciones venideras. (Ver 2 Timoteo 2:2).

- Un encuentro más profundo con Dios. Sobre todo, la impartición lleva a las personas a un encuentro más profundo con el Dios vivo. Fortalece su relación con él, profundiza su amor por él y fomenta un corazón que arde de pasión por su reino. (Ver Santiago 4:8).

En esencia, el poder y los beneficios de la impartición son inmensurables. Es un intercambio divino que conecta el cielo con la tierra, trayendo los recursos del cielo y la autoridad divina a las vidas de las personas. Al buscar impartición e impartirla a otros, experimentamos el flujo sobrenatural de la gracia de Dios, transformándonos en vasos de su gloria y conductos de su amor para un mundo necesitado.

Cuando ofrecí las clases de los lunes por la noche con mis hijos e hijas en el Señor, les dejé leer lo que yo leía. Quería que pudieran aprender las mismas cosas que yo, que se beneficiaran de las cosas que me habían ayudado a desarrollar mi don. Escuché sus preguntas y hablé de sus identidades. Escuché lo que el Espíritu Santo tenía que decir sobre sus personajes. Me ocupé de sus problemas de carácter y de sus corazones. Los entrené sobre cómo escuchar a Dios y cómo despertar el don profético. También los entrené en cómo ver; algunos tendían a ser muy legalistas, así que les enseñé a operar tanto con gracia como con verdad.

Cuando me invitaban a hablar en algún lugar, los llevaba conmigo y les permitía profetizar. Me paraba junto a ellos tal como Samuel estuvo frente a los profetas y los escuchó profetizar. Si era necesario hacer un ajuste, lo hacía al mensaje y luego conversábamos. Dejaba que me conmovieran. Fui muy transparente.

La iglesia necesita padres y madres espirituales, pero no te conviertes instantáneamente en uno de ellos. Tienes que transformarte en padre, convertirte en madre. Es un proceso. Es algo que se desarrolla en ti a medida que desarrollas a los demás, a medida que viertes en ellos. Puede que al principio no seas muy bueno en eso; Elías ciertamente no lo era. Arrojó su manto sobre Eliseo y se fue. No creo que eso fuera lo que el Señor pensó.

Sin embargo, Eliseo ansiaba la impartición, razón por la cual corrió tras Elías. Estaba ansioso por el don.

Pero Eliseo también sabía la importancia de honrar a las personas que te han impartido dones y sembrado en tu vida en una temporada anterior. Así que le dijo a Elías: "Por favor, déjame besar a mi padre y a mi madre, y luego te seguiré" (1 Reyes 19:20). Eliseo organizó una celebración para sus padres y los demás que dejaba atrás. Los honró por el papel que desempeñaron en su vida antes de pasar a la siguiente temporada, siguiendo a Elías.

Eliseo aprendió sirviendo a Elías: "Entonces se levantó y siguió a Elías, y fue su siervo" (1 Reyes 19:21). La pasión por servir es una característica importante de los Elías de hoy porque los ayuda a evitar la trampa profética del orgullo. No se vuelve a mencionar a Eliseo hasta que Elías asciende al cielo, pero estuvo allí con Elías todo el tiempo. Estuvo allí cuando Elías condenó a Acab por asesinar a Nabot, por su viña. Estuvo allí cuando Acab se arrepintió y se humilló ante el Señor, lo que provocó que el Señor retrasara el juicio. Estuvo allí cuando el Señor usó a Elías para decirle a Ocozías que iba a morir. Estuvo allí cuando descendió fuego del cielo y consumió a los hombres que Ocozías envió tras Elías. Eliseo lo vio todo. Vio cómo vivía Elías, cómo escuchaba al Señor, cómo obedecía, cómo hablaba con valentía. Todo eso fue parte de la impartición de Elías.

Debido a esa impartición, Elías no fue el único que supo cuándo el Señor se estaba preparando para llevarlo al cielo. Eliseo también lo sabía, al igual que otros profetas de todo Israel. Pero Eliseo estaba decidido a quedarse con Elías hasta el final. Estaba determinado a sacar todo lo que pudiera estando a los pies de Elías. Aunque Elías seguía diciéndole a Eliseo que se quedara quieto mientras iba de ciudad en ciudad, Eliseo seguía diciendo: "¡Vive el Señor y vive tu alma, que no te dejaré!" (2 Reyes 2:2, 4, 6).

La determinación de Eliseo se reflejó en el hecho de que todavía estaba con Elías cuando este golpeó las aguas del Jordán con su manto para que pudieran cruzar en tierra seca. Entonces Elías dijo: "Pide lo que quieras que haga por ti, antes que yo sea quitado de ti" (2 Reyes 2:9). Eliseo pidió una doble porción del espíritu de Elías y le fue concedida.

Una doble porción es algo difícil, tal como dijo Elías, porque es el doble de trabajo. Pero también es el doble de milagros, el doble de mensajes, el doble de gozo y el doble de todo lo demás que viene con el espíritu y la unción de Elías.

Elías fue llevado al cielo por un torbellino y Eliseo lo vio todo, incluidos los carros y los caballos de fuego. Pero en ese trayecto, su manto cayó. Eliseo rasgó sus propios vestidos en dos antes de tomar el manto de Elías. Estaba dejando atrás la vieja temporada familiar y entrando en una nueva.

El manto era un símbolo del espíritu y la unción de Elías impartidos a Eliseo. Y cuando este tomó el manto y golpeó con él al río Jordán, las aguas se separaron para que él pudiera volver a cruzar sobre tierra seca. Su primer milagro fue el mismo que el último de Elías. Pero no olvidemos que Eliseo tuvo que usar el manto. No habría sabido si el espíritu y el poder de Elías realmente le habían sido impartidos a menos que hubiera dado un paso de fe y los hubiera usado.

La relación entre Elías y Eliseo revela el poder de la impartición profética. Así que busca a tu sucesor para que la próxima pueda ser la generación de la doble porción.

Fin

En esta generación está surgiendo un grupo de profetas modernos tipo Elías, tal como se predijo en las Escrituras. Estos hombres y mujeres ungidos llevan el espíritu y la unción de Elías, y son llamados a ser audaces e intransigentes en su defensa de la verdad y la justicia.

Al igual que el antiguo profeta Elías, no temen confrontar la cultura prevaleciente de pecado e idolatría, instando a la gente a volver sus corazones a Dios. Tienen una pasión ardiente por el Señor y sus palabras son como una antorcha encendida que atraviesa la oscuridad, exponiendo las mentiras y los engaños del enemigo.

Con corazones ardiendo por un avivamiento, claman por el arrepentimiento y la reconciliación, instando a la iglesia y al mundo a regresar a su primer amor. No temen desafiar las tradiciones y los sistemas religiosos que obstaculizan el genuino movimiento de Dios.

Como heraldos de esperanza, estos profetas predican avivamiento, reforma y restauración, declarando que el reino de Dios está cerca. Sus mensajes resuenan con la urgencia de los tiempos, despertando corazones adormecidos y provocando hambre por la presencia de Dios.

Milagros, señales y prodigios los siguen mientras se mueven en el poder sobrenatural de Dios. A través de su ministerio, los enfermos son sanados, los oprimidos son liberados y los perdidos llegan al conocimiento salvador de Jesucristo.

Esta compañía de Elías de hoy no está motivada por la fama ni el beneficio personal, sino por un deseo ardiente de ver la gloria de Dios revelada en la tierra. Caminan con humildad, reconociendo que es el Espíritu del Señor quien los fortalece y guía en su misión.

En unidad y alineación divina, forman una fuerza poderosa para el reino de Dios, apoyándose y animándose unos a otros en oración y compañerismo. Sus corazones laten como uno, unidos por un propósito compartido y un profundo amor por el Novio.

Estos Elías modernos no están limitados por edad, género o estatus. Dios está levantando hombres y mujeres de todos los ámbitos para que lleven esta unción. Pueden encontrarse en el púlpito, el mercado, el campo misionero o incluso en los lugares escondidos donde se intercede.

Su impacto no se limita a una nación o región; son un ejército global que llega hasta los confines de la tierra con el mensaje de esperanza y salvación. Se conectan entre sí a través de fronteras y culturas, manteniéndose unidos en el Espíritu.

A medida que surja esta compañía de Elías actuales, el mundo será testigo de un avivamiento como nunca antes. Los corazones volverán a Dios, las familias serán restauradas y las naciones experimentarán el poder transformador del Espíritu Santo.

Dios está llamando a la gente hoy a caminar en el espíritu y la unción de Elías. Jesús regresará pronto, y los Elías de hoy son los precursores de su Segunda Venida, así como Juan el Bautista vino en el espíritu y poder de Elías como precursor de la primera venida de Jesús.

Los Elías son campeones elegidos por Dios, porque aman lo que Dios ama y odian lo que él odia. Son las voces que claman en el desierto: "Preparen … camino para el Señor" (Isaías 40:3). Los Elías de hoy conmoverán corazones porque el objetivo es hacer que se vuelvan al Señor. Los Elías actuales dicen la verdad con amor, aun cuando la verdad duela. No temen desafiar al espíritu de religión ni al de Jezabel porque saben cuál es su tarea y se mueven ante la unción del Espíritu Santo. Operan con milagros, señales y prodigios, respaldados por la autoridad del cielo. Es hora de que se levanten los Elías de esta generación. Es tiempo de que alcen la voz llamando al arrepentimiento y la reconciliación. Es hora de que prediquen avivamiento, reforma y restauración en esta tierra. Es tiempo de que proclamen con valentía la verdad de la Palabra en cada esfera social. Es hora de que actúen con milagros, señales y prodigios que hagan que el pueblo declare: "¡El Señor es Dios!".

Notas

Capítulo 1

1. Isaac Maddow-Zimet and Kathryn Kost, "Pregnancies, Births and Abortions in the United States, 1973-2017: National and State Trends by Age Appendix Tables", Guttmacher Institute, 2021, www.guttmacher.org.
2. John Thorington, "Is Porn Addiction a Problem in Your Church?", Restoring Hearts Counseling, December 21, 2020, www.restoringheartscounseling.com; Tim Barber, "Are You Aware of These Startling Porn Addiction Statistics?", Counseling Alliance, July 16, 2021, www.counselingalliance.com.
3. "Tishbite Meaning", Abarim Publications, accessed June 19, 2023, www.abarim-publications.com; Abarim Publications' Biblical Hebrew Dictionary, s.v. "בוש", accessed June 19, 2023, www.abarim-publications.com.

Capítulo 2

1. Wikipedia, s.v. "List of School Shootings in the United States (Before 2000)", last edited August 5, 2023, https://en.wikipedia.org (before_2000); Wikipedia, s.v. "List of School Shootings in the United States (2000-Present)", last edited July 26, 2023, https://en.wikipedia.org.
2. Wm. Robert Johnston, "Historical Abortion Statistics, United States", updated July 1, 2023, www.johnstonsarchive.net.

Capítulo 4

1. Michelle McClain-Walters, *The Prophetic Advantage* (Charisma House).

Capítulo 5

1. McClain-Walters, *The Prophetic Advantage* (Charisma House).

Capítulo 6

1. Benjamin Fearnow, "Number of Witches Rises Dramatically Across US as Millennials Reject Christianity", Newsweek, November 18, 2018, www.newsweek.com.
2. Jasmine Browley, "The Rich Witch: This Hoodoo Spiritualist Built a $24M+ Empire Casting Success Spells", Essence, June 28, 2023, www.essence.com.

3. Andrea L. Barrocas et al., "Rates of Nonsuicidal Self- Injury in Youth: Age, Sex, and Behavioral Methods in a Community Sample", Pediatrics 130, no. 1 (July 2012): 39-45, https://doi.org.
4. E. David Klonsky et al., "Nonsuicidal Self- Injury: What We Know, and What We Need to Know", Canadian Journal of Psychiatry 59, no. 11 (November 2014): 565-568, https://doi.org.
5. Melissa C. Mercado et al., "Trends in Emergency Department Visits for Nonfatal Self-inflicted Injuries Among Youth Aged 10 to 24 Years in the United States, 2001-2015", JAMA 318, no. 19 (2017), https://doi.org.

Capítulo 10

1. Jill C. Manning, "Testimony of Jill C. Manning, M.S., Hearing on Pornography's Impact on Marriage & The Family Subcommittee on the Constitution, Civil Rights and Property Rights Committee on Judiciary United States Senate", November 10, 2005, https://docplayer. net.
2. Amanda L. Giordano, PhD, LPC, "What to Know About Adolescent Pornography Exposure", Psychology Today, February 27, 2022, www.psychologytoday.com.

Capítulo 12

1. "CH-1. Living Arrangements of Children Under 18 Years Old: 1960 to Present", US Census Bureau, November 10, 2022, www.census.gov.
2. "The Father Absence Crisis in America", National Fatherhood Initiative, accessed June 27, 2023, https://135704.fs1.hubspotusercontent-na1.net.